젊은이를 위한

미래 엿보기

젊은이를 위한 미래 엿보기

2025년 5월 20일 초판 발행
2025년 9월 1일 초판 2쇄

지은이 김도연
펴낸이 염재호
펴낸곳 태재대학교 출판문화원

주소 서울시 종로구 창덕궁5길 22-8
이메일 tjupress@taejae.ac.kr
출판등록 제 2024-000109호 (2024년 9월 24일)

ISBN 979-11-989707-4-9
책값은 뒤표지에 있습니다.

젊은이를 위한 미래 엿보기

김도연 지음

태재대학교
출판문화원

머리말

한반도의 운명을 판가름할
꿈과 능력 있는 젊은이들에게

　21세기도 이미 4분의 1이 지났다. 뉴 밀레니엄New Millennium이라며 서기 2000년 새로운 시대를 두근거리는 마음으로 맞았던 것이 마치 까마득한 과거의 일처럼 느껴진다. 아마도 지난 25년간의 발전과 변화로 삶이 너무나 크게 바뀌었기 때문일 것이다. 1750년경 시작된 산업혁명 이후 2000년까지 250년간의 변화보다 더 큰 폭의 변화를 우리는 지난 25년간 겪은 듯싶다. 여하튼 오늘날 우리는 가속하는 기술발전으로 그야말로 변화의 소용돌이 속에서 살고 있다. 다시 25년 후 인류의 삶은 과연 어떤 모습일까?

　물론 미래를 예측하는 것은 어렵고 불가능한 일이지만, 그나마 짐작이라도 할 수 있는 방법은 지난 세월의 변화를 돌이켜 보며 그 연장선상에서 미래의 좌표를 결정하는 것이다. 이는 동서고금을 관통하는 진리이며, 우리가 역사를 공부하는 이유이기도 하다. 그러나 이제는 이 진리조차도 인공지능Artificial Intelligence, AI이 가져오는 사회변화에 대해서는 의미를 갖지 못하는 세상이 되었다. 인류사회는 과거와는 근본적으로 판이한 디지털문명으로 전환하고 있기 때문이다. 우리 삶은 AI에 의해 크게 바뀌고 있다. 스스로 새로운 아이디어를 내고 스스로 결정하는 AI가 가져올 변화는 이제 겨우 시작되었을 뿐이다. AI는 그간 인류가 개발해 온 유용한 기술이나 도구와는 차원이 전혀 다른 존재다. 때문에 AI가 가져올 사회변화를 짐작하는 것은 사뭇 어려운 일이다. 이는 마치 농경시대의 경험으로 산업사회의 변화를 예측하는 것과 같다.

현생인류인 호모사피엔스의 출현 시기는 약 10만 년 전으로 알려져 있다. 결국 우리 한 사람 한 사람은 모두가 이처럼 엄청난 시간적 배경을 지닌 하나의 우주 같은 존재들이다. 이렇게 긴 시간을 통해 인류는 아주 천천히 발전해 왔지만, 혁명이라 부를 수 있는 급진적인 변화도 종종 있었다. 예를 들면, 이른바 신석기 혁명으로 인간의 삶은 구석기시대의 수렵과 채집에서 벗어나 농경과 목축 중심으로 바뀌었다. 타제 석기에서 마제 석기로의 변화, 즉 뗀돌에서 간돌로 비교적 정교해진 도구를 손에 쥐면서 삶의 질은 급격히 향상되었고, 이를 통해 초기 인류문명의 탄생이 이루어졌다. 지금부터 대략 1만 년 전에 일어난 혁명적인 변화다.

그로부터 세월이 한참 흐른 후 일어난 또 하나의 혁명은 인쇄술의 발명이다. 사실 인류는 정보와 지식을 기록하고 전달하는 방법을 끊임없이 고민했다. 인쇄술이 등장하기 전에는 점토판이나 파피루스 등을 이용해 필사, 즉 손으로 직접 써서 지식을 전수했다. 이는 시간과 비용이 많이 들고 제작과 보존도 어려웠기에 지식은 오로지 왕족이나 귀족 같은 지배계급의 전유물이었다. 그러나 15세기 금속활자를 이용한 인쇄기술은 지식을 대중화시켰다. 이는 지적 혁명 Intellectual Revolution 이었으며 르네상스와 종교개혁을 가져왔다. 사회적 지식과 사상이 확산되면서 민주주의가 발전했고, 코페르니쿠스, 뉴턴 등이 출판한 서적은 자연과학이라는 새로운 세상의 문을 열었다.

그리고 자연과학에 기초한 기술발전은 삶을 윤택하게

만들었다. 18세기 중반에 제임스 와트가 발명한 증기기관은 산업을 일으켰다. 무엇인가를 바꾸고 새로운 것을 얻어내는 힘의 원천이 인간과 가축의 근육에서 기계로 확장된 것이다. 그 후 내연 가솔린기관에 의해 19세기 말에 자동차 시대가 열리고, 같은 무렵에 전기가 보급되면서 새로이 개발된 다양한 기술 덕에 인류의 삶은 크게 달라졌다. 항공기, 상하수도, 라디오와 TV 그리고 원자력 에너지 등이 모두 지난 20세기에 완성된 위대한 기술들이다. 함께 탄생한 컴퓨터와 인터넷은 또 다른 기폭제가 되었으며, 여기에서 비롯된 정보혁명은 AI혁명으로 이어지고 있다. 인류가 고통받던 육체적 노동을 넘어 이제는 정신적 업무도 기계가 맡아 주는 시대가 도래하고 있다.

이 책은 이러한 문명대변혁이 가져올 사회변화를 함께 생각해 보기 위해 마련한 것이다. 《미래 엿보기》란 제목에서 알 수 있듯, 아주 작은 틈이지만 이를 통해 미래를 짐작해 보자는 목적이다. 본격적인 미래 예측과는 당연히 거리가 멀고 부족하지만 오늘을 사는 젊은이들, 즉 22세기를 만들어 갈 주인공들이 그들의 미래를 생각해 보는 데 작은 도움이라도 되면 좋겠다. 만물은 과거, 현재 그리고 미래라는 시간 축 위에서 살지만 미래를 준비하는 존재는 인간뿐이며, 그래서 만물의 영장이 되었다. 미래 준비는 한 개인을 넘어 조직에게도 마찬가지로 가장 중요한 일이다. 이 책에서는 이미 맞고 있는 초장수사회, 초연결사회 그리고 미래의 교육 및 직업의 변화 등을 다루었는데, 다시 강조하거니와 이는 이런 문제를 인지하고 해결책을 함께 찾아보자는 차원이다.

미래는 모든 것이 불확정이라는 뿌연 안개 속이지만, 확정적인 측면 또한 존재한다. 그리고 아쉽게도 이렇게 확정적인 것들은 모두 인류의 지속가능성을 위협하고 있다. 산업혁명의 시작과 더불어 본격적으로 사용된 에너지는 석탄과 석유인데, 이는 문명 발전에 결정적 역할을 했다. 특히 석유는 현대문명을 가능케 만든 핵심적 요소였기에 이를 산업의 '검은 피'라고도 불렀다. 그런데 앞으로는 석탄과 석유를 과거처럼 쉽게 사용하는 일이 거의 불가능하리라는 점은 불행히도 확실한 미래에 속한다. 그리고 수요와 공급의 불균형에 의한 석유가격 급등은 주기적으로 우리에게 닥칠 어려움일 것이다. 게다가 더욱 근본적인 문제는 화석연료 사용으로 인한 온실가스 발생과 이에 따른 기후변화다.

　기후변화와 관련하여 저자는 지난 2010년 《기후, 에너지 그리고 녹색 이야기》란 책을 펴낸 바 있으며, 실은 이를 좀더 자세히 다루어 보겠다는 의지도 있었다. 그러나 기후에 대해서는 그간 상당수의 전문가들이 깊이 있게 다루었기에, 인류의 지속가능을 위협하는 다른 문제들을 함께 이야기하는 것도 의미가 있을 것으로 생각했다. 그런 측면에서, 인류 문명을 하루아침에 절멸시킬 수 있는 핵폭탄 문제를 포함했고, 이와 더불어 도시의 팽창과 그에 따른 환경오염 문제를 다루었다. 이 역시 인류가 당면한 커다란 어려움들이다. 젊은이들이 이를 좀더 진지하게 스스로의 문제로 받아들여 미래에는 해결책을 찾아야 할 것이다.

　마지막 장에서는 특히 한반도의 젊은이들이 지녀야 할 소명의식을 다루었다. 한반도의 역사는 굴욕과 고통의 반복이었다. 미래에는 이런 일이 되풀이되지 않도록 우리는 항상 깨어 있어야 한다. 그리고 이제 우리 젊은이들은 한반도의 평화와 안전을 넘어 인류 공영에 기여해야 한다. 동서양 문화를 모두 이해하고 아울러 세계를 경영하는 지도자로 성장해야 한다. 이런 꿈을 이룰 수 있는 능력을 우리 젊은이들은 충분히 지니고 있다고 믿는다. 추구해야 할 글로벌 하모니 Global Harmony, 즉 모두가 건강하고 안전한 인류사회 달성은 저자가 일하고 있는 태재泰齋의 설립 목표이기도 하다.

  원고를 검토하고 좋은 보완 의견을 보내 주신 태재학원 김상규 처장, 태재미래전략연구원의 장석인 박사와 김민정 연구원 그리고 민경찬 연세대 명예교수께 고마움을 전한다. 아울러 출판 실무를 맡아 수고하신 태재대학교 출판문화원 방순영 원장과 민광호 선생께 사의를 표한다. 마지막으로 저자가 가장 잘 아는 젊은이 세 명, 그러나 아직은 십 대 초반인 재성, 재영 그리고 서우도 향후 흥미롭게 이 책을 읽어 보면 좋겠다.

2025년 5월

김도연

차례

머리말
한반도의 운명을 판가름할 꿈과 능력 있는 젊은이들에게 ⋯⋯⋯⋯ 5

Chapter 1
인공지능이 주도하는 문명전환 ⋯⋯⋯⋯⋯⋯⋯⋯⋯⋯⋯⋯ 17
- AI의 역사 ⋯⋯⋯⋯⋯⋯⋯⋯⋯⋯⋯⋯⋯⋯⋯⋯⋯⋯⋯⋯ 20
- 막 오른 AI시대, 그리고 새로운 문명 ⋯⋯⋯⋯⋯⋯⋯ 23
- AI가 가져올 사회변화 ⋯⋯⋯⋯⋯⋯⋯⋯⋯⋯⋯⋯⋯⋯ 29
- 가까이 다가온 특이점 ⋯⋯⋯⋯⋯⋯⋯⋯⋯⋯⋯⋯⋯⋯ 34

Chapter 2

초장수, 초연결사회로의 전환 ···················· 41

- 준비해야 할 초장수사회 ···················· 44
- 이미 실현된 초연결사회 ···················· 55

Chapter 3

교육의 변화 ···················· 65

- 문명전환, 그리고 교육의 역할 ···················· 68
- 디지털문명시대의 새로운 교육 ···················· 81
- 초장수사회를 위한 교육 시스템 ···················· 85

Chapter 4

미래 산업과 경제, 그리고 직업 93

- 직업의 변천사 97
- AI는 현재의 직업들에 어떤 영향을 미칠까? 107

Chapter 5

인류의 지속가능성 121

- 기후위기 125
- 인류 스스로 만든 재앙, 핵무기 136
- 도시의 팽창과 환경오염 144
- 또 찾아올 팬데믹 154

Chapter 6

우리가 만드는 미래: 한반도와 인류사회 ·················· 163

- 한반도의 뼈 아픈 근대사 ················ 166
- 거듭되는 굴욕과 고통의 한반도 현대사 ················ 175
- 미래 – 무엇을 준비하고
  어떻게 설계할 것인가? ················ 187
- 한반도의 젊은이들!
  세계를 경영하는 지도자로 성장해야! ················ 201

Chapter 1

인공지능이 주도하는 문명전환

오늘날, 우리는 기나긴 인류사에서 가장 흥미진진하며 도전적인 시대를 살고 있는 듯싶다. 인공지능Artificial Intelligence, AI이 주도하는 문명 대전환이 눈앞에서 펼쳐지고 있기 때문이다. 20세기 후반부터 관심을 끌던 AI가 본격적으로 우리 삶에 들어온 계기는 2016년에 있었던 이세돌 기사와 인공지능 알파고의 바둑 경기였다. 여기에서 AI의 엄청난 가능성을 확인한 세계 여러 나라 정부와 유수 기업들은 AI 연구에 집중 투자하기 시작했다. AI는 그야말로 비약적인 발전을 이루고 있으며, 그 결과 1년 전의 AI는 오늘의 그것과 비교도 되지 않는다. 다시 1년 후에도 이는 마찬가지일 것이다. 2024년에는 노벨 물리학상[1]과 화학상[2], 두 부문이 AI 관련 연구에 돌아갔다. 즉,

---

[1] 2024년 노벨 물리학상: 존 홉필드John Hopfield, 제프리 힌튼Geoffrey Hinton ― 물리학 도구를 이용해 머신 러닝의 기초 확립.

[2] 2024년 노벨 화학상: 데이비드 베이커David Baker, 데미스 하사비스Demis Hassabis, 존 점퍼John M. Jumper ― 단백질 설계 프로그램 및 단백질 구조 예측 AI 모델 개발.

인간만의 영역이었던 과학기술 연구에도 AI가 역할을 하고 있는 것이다. 이제 AI는 인간을 도와주는 도구를 넘어, 인간이 하던 일 모두를 스스로가 할 수 있는 경지에 다다랐다. AI는 그런 측면에서 단순한 기술이 아니다. AI는 사회를 바꿀 것이며 인류문명을 전환시킬 것이다.

AI에 의해 보완된 능력을 지닌 인간들이 사는 사회는 어떤 모습일까? 개인의 삶도 근본적으로 바뀔 것이다. AI 시대를 이끌어 갈 청소년들은 이 변화에 어떻게 대비해야 할까? 물론 정확한 미래를 예측할 수는 없지만, 이를 조금이라도 미리 보고 대비하는 것은 밝은 미래를 만들어 가는 데 꼭 필요한 일이다.

AI의 역사

컴퓨터과학의 아버지, 앨런 튜링

AI, 즉 인공지능이란 단어는 1956년 개최된 관련 분야 학자들의 모임에서 처음 소개되었지만, 이를 처음으로 개

넘화한 사람은 컴퓨터과학의 아버지라 불리는 앨런 튜링 Alan Turing이다.

1912년 영국 런던에서 태어난 그는 어린 시절부터 수학과 과학에 남다른 재능을 보였다. 튜링의 가장 주목할 만한 업적 중 하나는 제2차 세계대전 중에 독일군 군사 암호를 해독한 것인데, 그 덕분에 전쟁이 2년 정도 단축되었고 적어도 1천만 명 이상의 목숨을 구했다는 평가를 받고 있다.

1936년에 발표한 논문 "계산 가능한 수에 관하여 On Computable Numbers"에서 오늘날의 컴퓨터 개념을 제안한 튜링은 제2차 세계대전 종전 후 최초의 컴퓨터 개발에 직접 기여했다. 또한, 1950년에 발표한 논문에서는 '생각하는 기계'도 가능한가라는 질문을 던지며 이를 인간과의 대화 능력으로 측정하자는 이른바 튜링 테스트를 제안했다. 주어진 질문에 대해 기계와 인간의 답변을 구별할 수 없으면 그것이 바로 인공지능, 즉 AI라는 것이다. 튜링은 기계가 어떻게 답변을 만드는지는 중요하지 않으며 이는 실제 인간관계에서도 마찬가지라고 지적했다. 실제로 대화는 지능을 지닌 인간만의 능력이다. 이 테스트는 기계

2020년 발표된 영국의 새 50파운드 지폐. 앞면에는 전 영국 여왕 엘리자베스 2세, 뒷면에는 앨런 튜링의 초상화가 그려져 있다. 앨런 튜링은 컴퓨터과학 혹은 인공지능의 아버지로 불린다.

가 얼마나 인간처럼 사고할 수 있는지를 평가하는 기준으로, 오늘날까지도 AI 연구에서 중요한 개념으로 자리 잡고 있다.

반면, 튜링의 개인적인 삶은 순탄치 않았다. 그는 1952년 동성애 혐의로 기소되어 화학적 거세를 받아야 했다. 이로 인한 고통으로 그는 1954년 41세의 나이에 스스로 생을 마감했다. 그러나 튜링의 업적은 시간이 지날수록 빛을 발했으며, 이를 기념하기 위해 미국 컴퓨터학회 Association for Computing Machinery, ACM에서는 1966년부터 이 분야에서 중요한 업적을 남긴 사람에게 '튜링상'을 수여하고 있다. 컴퓨터과학의 노벨상이라 불리는 상이다.

2009년, 영국 정부는 앨런 튜링의 처벌에 대해 공식적으로 사과했고, 2020년에는 50파운드권 화폐 모델로 엘리자베스 여왕과 튜링을 선정했다. 21세기 문명 전환을 주도하고 있는 AI를 인류에게 소개한 공로다. 여기에 덧붙여 영국 정부는 2021년부터 '튜링 스킴 프로그램Turing Scheme Program'이라는 장학사업을 통해 학생들이 글로벌 무대에서 성공할 수 있는 역량을 키울 수 있도록 지원하고 있다.

막 오른 AI시대, 그리고 새로운 문명

튜링을 시작으로, 전문가들이 AI에 관심을 갖게 된 것은 이렇게 이미 오래전부터다. 연구자들의 많은 노력 끝에 1997년에는 서양 장기, 즉 체스 대결에서 컴퓨터가 처음으로 세계 챔피언을 제압했다. IBM의 슈퍼컴퓨터 딥블루가 6판 중 2승 3무 1패로 승리했는데, 이는 AI의 능력과 가능성을 전 세계에 알리는 계기가 되었다.

그러나 AI가 일반인들에게 본격적으로 다가온 것은 이세돌 프로 기사가 알파고와의 바둑 대결에서 완패한 2016년이었다. 바둑은 체스와는 비교가 안 되게 복잡하고, 그 경우의 수는 사실 무한에 가깝다. 그러기에 AI가 바둑에서 인간을 넘어서는 일은 불가능하다고 믿었는데 알파고가 이를 돌파한 것이다. AI 발전사의 이정표로 삼을 수 있는 획기적인 일이었다. AI는 그 후에 많은 투자가 이루어지면서 빠르게 발전해 2022년 11월에는 드디어 일상 언어로 쉽게 소통할 수 있는 생성형 챗GPT가 우리 삶에 들어왔다. 유용한 지식과 정보를 매우 쉽게 제공받을 수 있는 새로운 길이 열린 것이다.

가늠하기 힘든 영향력, 챗GPT

챗GPT는 세상에 나온 지 단 두 달 만에 전 세계에서 1억 명이 사용하는 기록을 세웠다. 1979년과 1990년에 각각 상용화된 휴대전화와 인터넷이 1억 명의 사용자를 확보하는 데 걸린 시간은 전자가 16년, 그리고 후자가 7년이었다.[3] 휴대전화나 인터넷에 의해 우리 삶이 얼마나 바뀌었나? 이로부터 AI 기술이 미래에 미칠 큰 영향을 쉽게 짐작할 수 있다. 챗GPT는 15세기에 발명된 인쇄 기술과 마찬가지로 '지적知的 혁명'의 계기가 될 것이라고 이야기하는 전문가들도 많으니, 우리는 머지않아 오늘과는 전혀 다른 삶을 살게 될 듯싶다.

학습한 정보 데이터를 처리해 만드는 챗GPT의 답변은 아직 그럴듯할 뿐이며 우리가 필요로 하는 정확한 지식과는 상당한 거리가 있다는 지적은 맞는 말이다. 인간의 사고능력과는 아직 비교할 수 없는 수준이라는 의견에도 동감한다. 그러나 챗GPT는 이제 걸음마 단계라는 점도 고려해야 할 것이다. 웹 검색 과정의 편의를 위해 검색어가 주어지면 다음 단어를 예측할 수 있도록 만들어진 AI였다. 그런데 학습한 데이터가 많아지면서 이제는 개발자들도 예상하지 못했던 매우 구조적인 문장, 즉 장문長文의 신문 기사 등도 쉽게 만들어내는 능력을 AI가 갖게 된 것

---

[3] 1979년 일본의 통신회사 NTT가 세계 최초로 셀룰러 방식의 휴대폰 서비스를 개시하였으며, 1990년 유럽입자물리연구소의 팀 버너스리 Tim Verners-Lee는 월드와이드웹 World Wide Web, WWW을 개발하였다.

이다.

　최근 AI의 데이터 용량은 기하급수적으로 증가하고 있으며, 그 복잡성도 몇 달마다 두 배씩 증가하고 있다. 결국 미래의 챗GPT가 지닐 능력은 상상 이상일 것이다. 짧은 주제를 주면 AI가 한 권의 소설을 써내고, 더 나아가 이를 시나리오화해서 즉각 영화로 만들어낼 수도 있을 것이다. 실제로 2024년 5월에는 인간과 실시간 대화하면서 감정까지 포착하는 생성형 AI 모델이 공개된 바 있다. 인간 이상의 지능을 갖춘 범용인공지능Artificial General Intelligence, AGI도 3~5년 내에 가능할 것이라는 예측도 많다.

　사회학자인 김용학 전 연세대 총장은 〈AI와 문명혁명〉[4]이라는 강연에서 인간이 만든 가장 위대한 발명품 AI는 스스로 학습하고 판단하는 능력을 키워 가면서 인류의 삶을 획기적으로 바꿀 것이라 예측했다. 그간 인류는 자연이라는 대상과 상호작용하면서 자연과학과 기술, 즉 문명文明을 발전시켰고 인간사회라는 대상과 작용하면서 규범과 가치 등 문화文化를 만들었다. 이제 인간은 세 번째 대상, 즉 AI

---

[4] https://www.youtube.com/watch?v=q95Zlr9ZTLg

그림 1 – AI는 인류의 새로운 상호작용 대상이 되었다.

를 만나 상호작용을 시작했다. 이렇게 AI와 인간의 상호작용으로 생겨날 새로운 체계를 우리는 무엇이라 불러야 할까? 문명이나 문화가 아닌 새로운 체계다.

사실 인류의 긴 역사에서 기계가 인간의 능력을 추월한 지는 그리 오래되지 않았다. 250여 년 전 개발된 증기기관이 본격적 시작이었는데, 이를 이용한 철도는 도시에 산업을 만들면서 인구를 집중시켰다. 그리고 약 150년 전에는 내연기관을 이용한 자동차가 등장했고, 전기가 밤을 밝히기 시작한 것도 그 무렵이었다. 전기를 이용한 모터, 즉 전동기電動機와 더불어 먼 곳의 사람과도 대화할 수 있는 전화기電話機 등 기계와 전기산업은 인류의 삶을 혁명적으로 바꾸었다. 여기에 더해 50여 년 전부터 시작한 컴퓨터와 인터넷 등 정보통신산업은 그야말로 눈부신 변화를 가져오고 있는데, 이는 아직도 끝을 모르는 현재진행형이다.

500여 년 전 발명된 금속활자를 이용한 인쇄 기술은 지적 혁명을 가져왔다. 그 전에는 극소수 상류층만 소유할 수 있었던 책이 쉽게 만들어지면서 지식의 확산과 축적이 가속된 것이다. 그리고 활자가 있는 곳에는 삶의 큰 변화, 즉 혁명이 일어났다. 인쇄 기술은 종교개혁을 촉발했고 프랑스 대혁명이나 영국 산업혁명의 씨앗이 되었다. 그 결과로 오늘의 우리는 풍족한 산업문명시대를 살고 있다. 그런데 AI는 인류의 산업문명을 디지털시대로 전환시키는 새로운 지적 혁명의 씨앗이 될 것으로 여겨지고 있다. AI 발전은 이제 겨우 시작점에 있으니, 우리 사회는 정치, 경제, 국방, 교육 등 모든 측면에서 엄청난 변화를 맞게 될 것이다. AI와 더불어 살아갈 미래는 놀라움이 연속될 새로운 세상이다.

AI가 가져올 사회변화

이미 언급했듯이 AI가 가져올 혁명적인 변화는 그야말로 사회 전방위적이다. 인간을 둘러싼 모든 사회 분야가 이미 바뀌고 있다. 2016년에는 알파고가 세계 최고의 프로 기사보다 훨씬 더 바둑을 잘 두는 존재임을 증명했다. 놀라운 일이었지만, 사실 그런 특정 목적의 AI는 우리의 일상적인 삶과는 크게 관계없는 일로 여길 수도 있었다. 그러나 알파고와는 비교도 안 되는 초보적인 AI임에도 불구하고 이제는 필수품이 된 자동차 내비게이션을 생각하면 삶의 변화를 쉽게 느낄 수 있다. 목적지에 이르는 가장 편한 길을 어떤 순간에도 차질 없이 알려주는 AI에게 우리는 갈림길 선택이라는 중요한 판단을 모두 위임했다.

운전이 필요 없는 완벽한 자율주행 자동차도 결국 실현되겠지만, 최근 부각되고 있는 고령운전에 기인한 문제는 이미 AI의 도움으로 상당 부분 해결되고 있다. 자율주행차나 각종 로봇도 AI지만 중국 경찰이 사용하는 범죄 용의자를 색출하기 위한 안경도 얼굴 인식 AI다. 그리고 사람의 대화를 그대로 받아 적는 목소리 인식도 AI며, 이

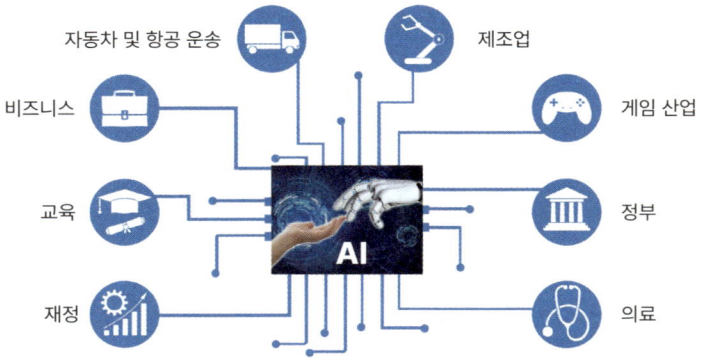

그림 2 − AI에 의해 이미 혁신이 일고 있는 주요 분야

제는 실용 단계에 오른 아주 편리한 외국어 번역도 AI다. 영상의학 분야에서 미세한 암세포를 찾아내고 그 변화를 추적하는 일도 AI의 몫이다. 법률 분야에서는 AI가 방대한 양의 판례를 분석해 변호사 업무를 지원하고 있다. 인간만의 영역이라고 생각했던 예술에도 AI는 빠르게 침투하고 있다. AI가 그림을 그리고 음악을 작곡하는 것도 이제는 전혀 놀랍지 않은 일이 되었다.

AI는 일주일 내내 하루 24시간씩 쉼 없이 학습하면서 아무리 사소한 것도 잊지 않는 절대적 기억력을 지닌다. 그렇게 쌓인 빅데이터를 체계적으로 정리하는 일은 그야말로 빠르고 정확한데, 이 능력만으로도 당연히 모든 일에 큰 도움이 되고 혁신을 가져올 것이 자명하다. 그림 2에서와 같이, 이미 AI는 모든 분야를 아우르며 혁신을 유발하고 있다. 그런데 이제는 AI 스스로 자신의 능력을 높이는 단계에까지 이르고 있으니, 미래의 인류는 결국 이러한 '생각하는 기계'와 공존하며 살아갈 것이다. 20세기에 들면서 자동차가 등장했고 문명국의 시민 모두가 운전을 필수로 삼게 된 것처럼, 21세기는 모두가 AI를 다루어야 하는 시대가 될 것이다.

다시 쌓는 바벨탑, 무너지는 언어장벽

이처럼 AI에 의해 인류는 새로운 시대에 접어들고 있는데, 이는 마치 과거 인류 역사에서 석기시대에서 청동기시대로 진보한 것과 마찬가지다. 그런데, 혹시 우리는 이미 청동기시대에 접어들었는데도 불구하고 돌 다루는 법을 계속 고집하며 살고 있는 것은 아닐까? 지금의 산업문명과는 확연히 다를 디지털문명시대를 살아갈 우리 젊은이들이다. 예를 들어 모두가 고민하는 '영어' 문제를 생각해 보자. 우리는 얼마나 많은 시간과 노력을 영어 공부

16세기 후반에 상상한 바벨탑 건설 장면. 아마도 당시에는 20여 층 정도면 하늘에 닿을 것으로 믿었던 모양이다. Lucas van Valckenborch, 1594, *Tower of Babel*, 프랑스 루브르박물관 소장

에 쏟아붓고 있나?

외국어 때문에 고통받는 일은 기독교 《구약성서》〈창세기〉에 나오는 바벨탑 이야기를 떠오르게 한다. 이를 간단히 정리하면 다음과 같다. "태초에 온 땅의 언어는 하나요 말도 하나였더라. 사람들이 바벨탑을 건설하면서 꼭대기를 하늘에 닿게 하여 이름을 내고 흩어짐을 면하고자 했더니, 여호와께서 이르되 이들의 언어가 하나이므로 하고자 하는 일을 막을 수 없으리로다. 따라서 언어를 혼잡하게 하여 그들이 서로 알아듣지 못하게 하시며, 그들

을 온 지면에 흩어 탑의 건설을 멈추게 하였더라."

그런데 최근 들어 인류는 인공지능, 즉 AI를 이용해 혼잡했던 언어를 통일하며 바벨탑을 다시 쌓아 올리고 있다. 외국어 문장을 번역하는 일은 이미 10여 년 전부터 가능했지만, 그 결과가 그리 만족스럽진 못했다. 그러나 챗GPT를 비롯한 생성형 AI가 등장하면서 문장 번역은 이제 놀라운 수준에 이르렀다. 책 한 권도 통째로 즉석에서 번역해 주는 탁월한 기능의 앱들을 거의 무상으로 사용할 수 있는 세상이다. 영어만이 아니라 일본어, 중국어, 프랑스어 등 세계 거의 모든 언어를 다룰 수 있으니, 이제 언어장벽으로 소통을 억제했던 신의 뜻은 AI에 의해 크게 도전받고 있는 형국이다. 필요하다면 AI가 즉각 통역해줄 텐데 오늘 우리 어린이들이 다니는 영어유치원이 삶에 무슨 도움이 될까? 영어 문서를 읽으며 영어로만 일해야 할 사람들도 지금과는 차원이 다른 통·번역의 도움을 받을 것이 틀림없다.

그런 측면에서 우리의 영어 교육과 영어에 대한 선입견은 그야말로 크게 바뀌어야 할 듯싶다. 교육부 조사에 따르면 초·중등학생 사교육비의 절반은 영어 학습에 쓰이고 있다. 제1의 국제어로 확고하게 자리 잡은 영어의 중요성을 부정하거나 영어 학습이 불필요하다는 주장은 전혀 아니다. 그러나 영어는 의사소통 수단이지, 이를 통해 사람의 능력을 가늠할 수 있는 도구가 아님은 분명하다. 영어를 잘해야 능력 있는 사람이란 믿음은 미신이다. AI를 이용하면 우리는 영어 학습에 빼앗기는 시간과 노력을 많이 아낄 수 있을 것이다. 우리 사회 각종 평가에서 영어의 비중을 낮추면 좋겠다.

가까이 다가온 특이점

'singularity', 즉 특이점 特異點이란 개념은 수학자이자 과학소설 작가인 존 폰 노이만 John von Neumann이 처음 언급한 것으로 알려져 있으며, 기술 발전이 계속되어 인공지능이 인간보다 더 뛰어난 지적 능력을 지니게 되는 시점을 의미한다.

그림 3에서 인간의 지능 그 자체는 긴 시간 동안 아주 미세한 발전이 있었던 것으로 표현되었다. 문자가 발명

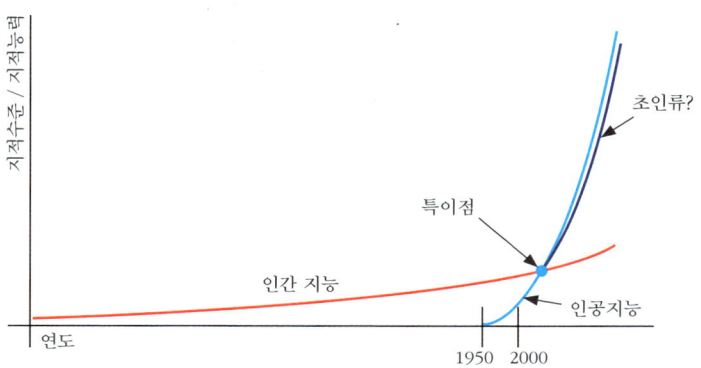

그림 3 – 인공지능의 발달과 특이점. 이를 전환점으로 인류는 새로운 삶과 문명을 가꾸게 된다는 예측이다. 우리는 여기에 얼마나 가까이 접근해 있나?

되고 출판이 가능해지면서 인간의 두뇌에는 평균적으로 점점 더 많은 지식이 공급되었고, 이를 토대로 두뇌 활용이 늘어나면서 인간 지능도 점차 높아졌을 것이다. 그러나 2,500여 년 전의 철학자 공자나 소크라테스 혹은 15세기에 음악, 미술, 천문학, 건축학 등 다방면에서 활동했던 레오나르도 다빈치 등을 고려하면 인간의 원초적 지능은 적어도 지난 수백 년간 큰 변화 없이 그대로 유지되고 있는 듯싶다.

반면, 앞서 언급된 바와 같이 1950년에 튜링에 의해 시작된 인공지능 연구는 끊임없이 발전해 왔고, 최근에 이러한 발전은 점점 더 가속되고 있다. AI 바둑 프로그램 알파고, 현재 유전자 연구 및 신약 개발에 지대한 기여를 하고 있는 단백질 구조 예측 프로그램 알파폴드 등 여러 분야에서 AI는 이미 새로운 세상을 열고 있다. 이들처럼 하나의 좁은 분야에서 역할을 맡는 AI를 ANI^{Artificial Narrow Intelligence}라 부른다.

여기에 더해 챗GPT로 시작된 AI 기술의 패러다임 변화는 인류를 AGI, 즉 범용인공지능 시대로 안내하고 있다. AGI는 특정 작업에 국한되지 않고 다양한 문제를 스스로 해결할 수 있는 능력을 갖춘 AI로, 마치 인간처럼 여러 가지 작업을 동시에 수행하거나 전혀 새로운 문제를 해결하는 능력을 지닌 것이다. AGI는 복잡한 사고를 하고 창의적으로 문제를 해결하며, 스스로 학습하고 발전할 수 있는 능력을 갖는다.

결국, 특이점은 AGI가 우리 삶에 들어오는 시점이다. 그 실현 가능성이나 시간표는 물론 불확실하지만, 특이점 개념을 대중화시킨 미래학자 레이 커즈와일^{Ray Kurzweil}은 2005년에 출판된 그의 저서 《특이점이 온다^{The Singularity is Near}》에서 2045년을 특이점으로 예측했다. 그리고 특이점

이후의 사회와 경제, 문명 등은 지금의 인간 관점으로는 상상할 수 없는 변화가 있을 것이라고 주장했다. 특이점을 지나면 인류는 과거와 전혀 다른 초능력을 지니게 된다는 것이다. 그림 3에 표시된 바와 같이, 우리는 특이점을 계기로 인공지능과 함께 지내는 초인류가 되는 것이다.

커즈와일이 이야기하는 특이점에 대해서는 물론 비판도 상당하다. 우선 AI는 아직 초기 단계이며, 앞으로 기술적 난관이 더 커질 수 있다는 지적이 있다. 이러한 어려움에 대한 철저한 분석 없이 무모한 낙관론으로 일관하고 있다는 비판은 어쩌면 당연한 것이다. 그러나 흥미로운 점은 커즈와일의 과거 예측 중 제법 많은 부분이 실제로 이루어졌다는 사실이다. 예를 들면 인터넷이 전 세계적으로 확산되고, 누구나 방대한 정보에 쉽게 접근할 수 있을 것이라는 그의 1980년대 예측은 확실한 현실이 되었다. 2020년대에 이르면 AI가 인간과 소통이 가능할 것이라는 그의 20여 년 전 예측도 실현되고 있다. 이런 사실들에 기초해 빌 게이츠 Bill Gates 는 "AI의 미래 예측에는 커즈와일이 가장 훌륭하다"라는 이야기를 남긴 바 있다.

그런데 커즈와일은 최근 특이점 시점을 그간 주장해

오던 2045년에서 2029년으로 앞당겼다. 2024년 여름에 새로 펴낸 책《특이점이 더 가까워졌다 *The Singularity is Nearer*》에서 2029년에 인공지능이 인간과 비슷한 수준의 지능을 가지게 될 것이라고 주장한 것이다. 지난 10여 년의 기술적 진보가 당초 예상보다 훨씬 빨랐기에 이를 당긴다는 것이다. 여전히 논쟁의 대상이지만, 여하튼 그의 책에 언급된 다음 내용은 관심을 가질 만하다. "인류사에 기록된 모든 지적 도약은 석기시대 이후 구조적으로 동일한 인간 두뇌에서 일어났다. 그리고 인쇄 등의 기술 덕분에 우리는 다른 사람들이 이룬 대부분의 혁신에 접근할 수 있게 되었다. 하지만 이는 근본적으로 석기시대 조상들과 비슷한 수준의 경험일 뿐이다. 특이점을 지난 2030년대와 2040년대에는 인간의 능력이 크게 증강되면서, 우리의 문제해결 능력은 차원이 달라질 것이다."

AI는 확실히 새로운 문명을 열고 있다. 하지만 세상 모든 일에는 빛과 그림자가 있듯이 AI가 우리의 밝은 미래만을 보장하는 것은 아니다. AI가 인류사회에 가져올 그림자에 대해서도 여러 측면에서 치밀한 준비가 필요하다. AI는 축복과 재앙을 함께 지닌 양날의 검이다. 재앙을 막지 못한다면 축복은 아무 의미도 없을 것이다. AI에 의해 인간은 결국 존엄성을 잃게 될 것이라는 우려도 있지만, 그러나 인간이 달에 발자국을 남겼다고 아름다운 달을 잃어버린 것은 아니다. AI가 가져올 미래 변화를 우리 스스로가 가꾸는 자세와 능력이 필요하다. AI가 교육과 산업 및 경제 분야에 미칠 영향은 각각 3장과 4장에서 좀더 자세히 다루려고 한다. 2장에서는 그에 앞서 또 하나의 커다란 전환인 초장수超長壽, 그리고 초연결超連結 사회로의 변화를 고려해 보자.

Chapter 2

초장수, 초연결사회로의 전환

인류문명은 근본적으로 변화되고 있다. 다양한 분야에서의 혁신을 통해 개인과 사회는 빠르게 바뀌고 있는데, 그중에 쉽게 느낄 수 있는 것은 인간 수명의 증가다.

미래는 과거 경험해 보지 못한 고령사회가 될 것이다. 불과 반세기 전만 해도 60세 생일을 맞아 벌이는 환갑還甲 혹은 회갑回甲 잔치는 온 가족 친지는 물론 동네 사람들까지 함께하는 아주 큰 행사였다. 그리고 드문 일이었다. 환갑이란 육십갑자六十甲子 60년을 완전히 한 바퀴 돌아 갑자년, 을축년 등의 해가 다시 돌아오는 것을 의미하는 시기로, 전통 농경사회에서는 환갑을 맞으면 이미 인생을 다 보내고 그 끝에 도달한 것으로 간주했다. 그리고 70세에 이르면 이를 고희古稀라 불렀는데, 아주 예부터 돌아봐도 이런 일은 지극히 드물다는 뜻이다. 그러나 세상은 급격히 바뀌고 있다. 대한민국은 2024년 12월 현재 65세 이상 인구가 1천만 명을 넘어 전체의 20%를 초과한 초超고령사회에 진입하였다. 젊은이들이 살아갈 미래의 사회 환경은 인구학적 측면에서 오늘의 그것과 크게 다를 것이다.

그리고 이미 진행된 정보화로 인해 개인과 개인은 서로 연결되어 상호작용하고 있다. 이러한 연결은 개인의 목소리를 증폭시키고 소수의 의견도 사회 중심에 설 수 있도록 도움을 주지만, 잘못된 정보 혹은 가짜 정보를 빠르게 확산시켜 혼란을 초래하기도 한다. 미래에는 인터넷 기반 경제가 더욱 확장되면서 취업이나 여가 활동 등의 형태도 오늘과는 판이할 것이다. 긍정적인 변화와 더불어 윤리적 문제, 정보 불균형 등의 혼란도 충분히 예상된다. 이러한 변화를 현명하게 관리하기 위해서는 개인적인 책임감과 더불어 사회적 합의가 무엇보다 중요하다.

준비해야 할 초장수超長壽사회

늘고 있는 기대수명

'수부귀다남壽富貴多男', 즉 오래 살면서 재물을 많이 쌓고 귀한 사람이 되며, 그리고 아들을 많이 낳는 일은 우리 전통사회에서 인간이 지닌 가장 원초적인 욕망이었다. 특히 '다남'은 중요했는데, 농업사회에서는 많은 자손이 있으면 부富를 쌓기에 용이했고, 또 이를 통해 귀貴해질 수도 있었기 때문이다. 이는 초기 산업사회까지도 마찬가지였지만, '다남'은 오늘날에는 별로 의미 없는 일이 되었다. 한편 '부'와 '귀'는 어느 시대이건 또 어느 사회이건 상대적인 것으로, 결국은 소수에게만 허락되어 왔다. 그러나 현대에 이르면서 '수壽'는 우리 거의 모두가 누리게 된 듯싶다. 엄청난 변화다.

오래 살고자 하는 욕망은 너무나 자연스러운 것이다. 중국 천하를 통일한 진시황도 불로장생을 위해 한반도에까지 사람을 보내 약초를 찾았지만 결국은 49세에 세상을 떠났다. 당시로서는 상당히 장수한 셈이다. 수명은 삶의 여건이 좋아지면 저절로 늘어나므로 소득수준과 상당히 비례한다. 오늘날 세계 여러 국가의 기대수명을 살펴보면, 1인당 GDP가 1천 달러인 나라는 45세, 5천 달러면 65세, 그리고 3만 달러면 80세 정도다.

지난 반세기 만에 1인당 GDP 1천 달러에서 3만 달러 이상으로 기적적 경제성장을 이룬 대한민국은 따라서 세계에서 가장 빠르게 기대수명이 늘어난 나라다. 소득이 많아지면 영양 섭취를 잘하고 깨끗한 환경에서 살 수 있기 때문이다. 의료 기술의 괄목할 만한 발전도 장수에 크게 기여했다. 100여 년 전만 해도 맹장염은 죽음에 이르는 질환이었으며, 심지어는 충치로 인한 염증도 마찬가지였다.

그림 4는 2024년 발표된 세계 각국의 기대수명을 보여준다. 현재 전 세계 평균은 73세인데, 이는 오늘 태어난 아기가 삶을 이어 갈 평균 생존 연수를 의미한다. 이러한 기대수명이 전 세계적으로 1950년에 46세, 그리고 2000년에는 66세였던 것을 고려하면, 지난 세기에 이미 인류 수명은 급격하게 늘어났다. 그러나 앞서 언급한 바와 같이 기대수명은 생활수준에 비례하므로, 아직 소득이 낮은 아프리카 국가들은 50~60세에 그치는 반면, 유럽이나 미주 등 선진국은 80세에 가까운 것을 알 수 있다. 세계에서 가장 기대수명이 긴 나라는 일본과 대한민국으로, 두 나라 모두 84세에 이른다. 우리의 기대수명은 2024년 현재 여성 88세 그리고 남성 81세에 달한다.

이렇게 계속 늘고 있는 기대수명은 과연 몇 살쯤에서

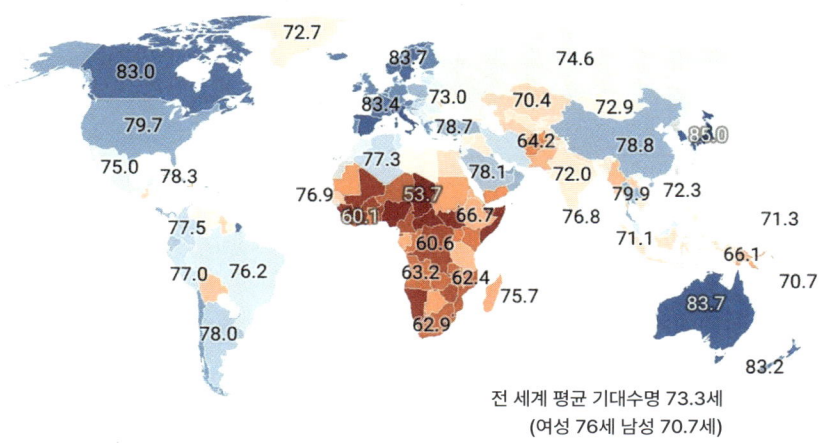

그림 4 – 세계 각국의 기대수명(2024년)

멈추게 될까? 100세 장수 시대를 이야기하더니 최근에는 120세도 가능하다는 예측도 많다. 여기에서 더 나아가 수명이 늘어나는 일이 아예 멈추지 않을 것이라는 전망도 이미 오래전부터 있었다. 미국 시사주간지 〈타임 TIME〉 2011년 2월 10일 자 메인 기사에서 2045년이면 인간은 죽음에서 완전히 벗어날 것이라는 예측을 다룬 바 있다. 예로부터 인간의 삶을 생노병사 生老病死 의 과정으로 축약해 왔으나, 이 무렵이 되면 인류는 생명의 특이점에 이르러, 노화를 일종의 질병으로서 다스릴 수 있게 된다는 것이다. 과연 가능한 일일까? 영생永生이 실현되리라고 믿기는 물론 힘들지만, 실현되지 않을 것이라는 주장 또한 근거는 없다. 100년 전 인류의 관점에서 오늘의 우리 사회를 본다면, 현대인들은 이미 영생에 근접한 긴 삶을 살고 있다.

고령화를 넘어 초고령사회로

인류가 오래 살게 되면서 일어나는 사회변화는 당연히 노인인구 비율이 늘어나는 것이다. 65세 이상 노인이 전체 인구의 7% 이상이면 고령화사회, 14% 이상이면 고령사회로 분류하는데, 특히 대한민국은 이러한 변화를 매우 급속하게 맞고 있다. 예를 들어, 표 1에 보인 바와 같이 프랑스는 1865년에 고령화사회에 이르렀다가 1980년이 되어서야 고령사회가 되었다. 그러나 2000년에 고령화사회가 된 대한민국은 2017년에 고령사회에 이르렀다. 프랑스의 115년 변화를 우리는 17년 만에 겪고 있으니 이에 수반되는 여러 가지 사회적 어려움이 훨씬 더 클 것은 당연하다. 우리 사회는 이제 65세 이상인 인구가 1,000만

	고령인구 7% (고령화사회)	고령인구 14% (고령사회)	변화된 기간
프랑스	1865년	1980년	115년
미국	1944년	2013년	69년
일본	1970년	1996년	26년
대한민국	2000년	2017년	17년

표 1 – 프랑스, 미국, 일본 그리고 대한민국의 인구 고령화 속도. 우리는 가장 급속한 고령화를 겪고 있는 사회다.

명을 넘었고, 2030년이면 30% 정도인 1,300만 명을 넘을 것이다.

우리보다 먼저 고령화에 들어선 일본은 이미 노인인구 비율이 30%를 넘었다. 일본에서는 정년을 70세로 늘려 가는 등 착실히 미래를 준비하고 있지만, 그럼에도 불구하고 초고령사회에서 발생하는 내부 갈등은 상당히 깊은 모양이다. 2022년 부산국제영화제에 출품된 일본 영화 〈플랜 75〉는 물론 필름 속 세상이지만 초고령사회의 깊은 고민을 보여 준다.

영화는 한 젊은이가 국가의 어려움을 해결한다며 노인을 살해하는 장면으로 시작한다. 그 후, 젊은이는 일본의 밝은 미래를 바란다는 유서를 남기고 스스로 목숨을 끊는다. 그리고 다음과 같은 뉴스가 이어진다. "고령자 습격 사건이 전국에서 잇따르는 가운데, 나날이 심각해지는 고령화 문제에 대한 근본적인 대책을 정부에 요구하는 목소리가 높아지고 있습니다. 플랜 75에 대해서는 극심한 반대 운동이 벌어지기도 했으나 드디어 오늘 국회를 통과했습니다. 세계의 이목을 모으는 이 제도가 일본의 고령화 문제를 해결할 수 있을지 기대됩니다." 75세 이상의 노인들에게 세상을 뜻대로 하직할 수 있도록 도움을 주는 제도가 플랜 75다. 그리고 정부는 이를 권장한다. 영화 속에서는 노인들이 원하는 때에 세상을 떠날 수 있어 너무 좋다는 TV 광고도 나오고, 그로부터 3년 후에는 성과에 고무된 정부가 플랜 65를 새로이 검토하고 있다는 뉴스가 이어진다.

이토록 우울한 모습은 물론 영화 속 이야기지만, 대한민국이 맞이할 초고령사회는 어떤 측면에서 더욱 가혹할지도 모르겠다. 우리나라는 노년층 빈곤율이 경제협력개발기구 OECD 국가들 중에서 압도적으로 가장 높다. OECD 평균 노년층 빈곤율은 15% 정도이나, 우리는 그 3배인 45%에 육박한다. 최소 생활비를 확보하지 못하는 노인이 그만큼 많다는 의미다. 이대로라면 결국 수백만 명의 노인들이 빈곤에 허덕이는 참담한 모습이 우리의 미래일 것이다. 노인들의 소득을 확충하기 위한 연금 개혁, 세제 개선 등은 물론, 그들의 최저생활 보장을 위한 제반 제도 마련은 하루가 급한 일이다. 초고령사회에 대한 준비는 대한민국의 미래를 판가름할 중차대한 문제이다.

다가온 세계 인구 100억 명 시대

이제 시야를 세계로 넓혀 보자. 인류의 평균수명 증가는 당연히 인구 증가로 연결된다. 세계 전체 인구가 80억 명이 넘은 것은 지난 2022년의 일이다. 100여 년 전의 인구는 16억 명으로 추정되고 있으니 그 사이 무려 5배나 증가한 셈이다. 이러한 인구 증가는 20세기에 이루어진 산업화와 기술 발전 덕분이다. 백신이나 항생제 개발과 더불어 의학이 발달하면서 질병으로 인한 사망률이 크게 감소했다. 아울러 깨끗한 물과 위생 시설의 보급으로 전염병이 줄어들고 농업 기계화로 인해 식량 생산량이 크게 늘어나면서 영양 상태가 개선되었다. 이러한 요인들

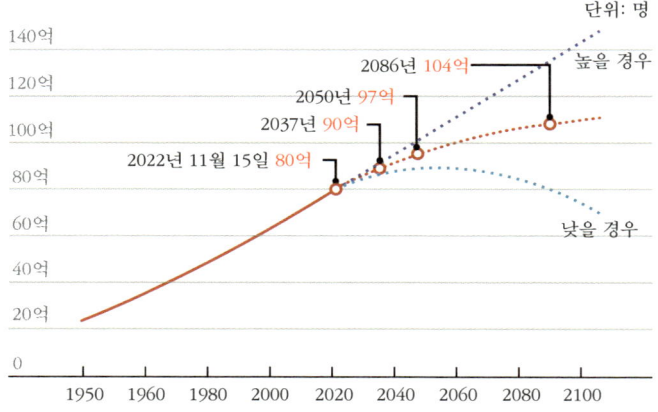

그림 5 – 2022년 유엔이 발표한 세계 인구 전망

이 복합적으로 작용하여 세계 인구는 급격히 증가했다.

그림 5는 2022년 유엔UN이 발표한 세계 인구 전망으로, 이에 따르면 세계 인구는 2050년에 약 97억 명에 도달하고, 2100년에는 약 108억 명에 이를 것으로 예상된다. 그러나 그림에 보인 바와 같이 인구가 계속 현재처럼 증가하면 2100년 인구는 140억 명에 달할 것이다. 반대로 증가율이 감소하면 오히려 지금보다 줄어들 수도 있다는 전망이다. 물론 지역별 전망은 사회경제적 그리고 문화적 배경에 따라 많이 달라서, 가령 아프리카는 빠르게

인구가 증가하겠지만 유럽은 인구가 줄어들 것으로 예상된다. 현재 대한민국이 당면한 문제, 즉 세계적 유례가 없는 급속한 인구감소는 또 다른 차원의 문제다.

그러면 과연 우리는 100억 명의 인구를 부양할 식량을 지구에서 얻을 수 있을까? 인류 모두가 주로 곡물과 채소 중심으로 먹고 산다면 가능한 일이다. 그러나 육류 소비가 늘어나면 부양할 수 있는 인구수는 크게 감소한다. 대략적인 계산으로 소고기 1kg을 생산하기 위해서는 약 10kg의 옥수수가 필요한데, 이 정도의 옥수수는 칼로리를 기준으로 계산했을 때 건장한 청년 한 사람의 약 열흘 분 식량에 해당하는 양이다. 육류 섭취는 식량 조달 측면에서 이렇게 대단히 사치스러운 일이다. 우리나라의 경우 1인당 연간 육류(닭, 돼지, 소 등 육류 포함) 소비는 1980년 약 10kg이었지만 2023년에는 60kg을 넘어섰다. 이런 측면에서 미래 100억 인류 전체를 위한 식량 생산은 전혀 낙관적이지 않은 일이다.

또한 식량이 충분하더라도 경제적 불평등과 정치적 불안정으로 인해 많은 세계 인구가 굶주리고 있다. 그리고 세계적으로 생산되는 식량의 약 30%는 낭비되고 있다.

현재의 기술과 자원을 효율적으로 활용하고, 식량 낭비를 줄이며, 특히 육류 소비를 절제한다면 지구는 약 100억 명까지는 부양할 수 있을 것으로 추정된다. 수경水耕재배나 도시농업, 유전자변형 작물 등은 농업 생산성을 높이고 환경 부담을 줄일 것으로 여겨진다. 결론적으로 세계 인구는 급격히 증가하고 있으며, 이로 인해 식량 수요도 급증하고 있지만 이러한 수요를 충족시키기 위한 방안은 한정적인 것이 현실이다. 국가적으로는 식량 안보를 위해 지속적인 연구와 정책적 노력이 필요하다.

특히 대한민국은 5천만 국민의 안정적인 식량 확보를 위한 정책적 노력이 절대적으로 필요한 국가다. 현재 우리가 소비하는 전체 식량 중 국내산의 비율은 절반에도 못 미친다. 기후변화에 따른 가뭄과 홍수 등으로 세계의 식량 생산은 앞으로 감소할 것이라는 전망이며, 이 경우 우리는 큰 어려움을 겪을 수밖에 없다. 식량이 무기화되는 시대를 대비해야 한다.

이미 실현된 초연결사회

두 명의 젊은 엔지니어, 초연결사회의 문을 열다

우리는 이미 초연결사회 속에서 살고 있다. 광대역 인터넷, 그리고 5G 등 초고속 통신망 덕택에 사람들은 언제 어디서나 서로 연결되어 의사소통은 물론 많은 데이터를 주고받을 수 있게 되었다. 미국으로의 여행 중에도 태평양 상공을 날고 있는 비행기 안에서 서울의 가족이나 동료와 쉽게 연결할 수 있는 세상이 되었다. 10여 년 전만 해도 상상 못 했던 일이다. 사람들만 연결되는 것이 아니다. 다양한 기기들이 인터넷에 연결되어 데이터를 수집하고 공유하며, 이를 통해 효율적인 관리와 서비스 제공이 가능해졌다. 또한 각종 SNS의 발달로 이제는 모든 개인이 방송국이나 신문사 같은 미디어 역할을 할 수 있는 시대다.

인터넷은 기술에 의해 인간 세상이 얼마나 바뀔 수 있는가를 보여주고 있다. 컴퓨터 사이의 정보교환을 위해 탄생한 인터넷의 아이디어는 1960년대에 미국 MIT의 한 대학원생으로부터 시작됐다. 인류사회에 대한 기여도가 코페르니쿠스나 갈릴레이보다 높게 평가될 수도 있을 그는 바로 레너드 클라인록^{Leonard Kleinrock, 1934~}이다. 1962년에 제출한 박사학위 논문에서 그는 데이터 전송의 효율성을 높이기 위해 데이터를 패킷^{packet} 단위로 쪼개서 전송하고, 목적지까지 이동된 후 재조립한다는 아이디어를 제안했다. 이러한 그의 연구결과는 오늘날 인터넷의 바탕이 되었다.

1958년, 미국은 과학기술 분야에서 소련보다 뒤처졌다고 판단하고 과학기술 경쟁력을 확보하기 위한 새로운 연구기관을 설치했다. 고등연구계획국^{Advanced Research Projects Agency, ARPA}이 바로 그것으로, ARPA는 미국 전역의 대학과 연구소에 대대적으로 연구비를 제공했다. 그리고 연구에 참여한 기관들을 서로 연결하여 성과를 높이고자 노력했지만, 초기에는 보조기억장치에 데이터를 저장해 이를 직접 들고 다니면서 정보를 교환할 수밖에 없었다. 이로 인한 비효율을 극복하기 위해 각 연구소나 대학에 흩어져 있는 수많은 컴퓨터 간의 네트워크인 아파넷^{ARPANET}의 구축을 시도했고, 이는 컴퓨터 통신망의 원

레너드 클라인록(왼쪽)과 팀 버너스리(오른쪽). 두 사람이 젊은 시절에 이룬 연구 성과는 인류에게 인터넷 공간이란 새로운 우주를 열어 주었다.

조로 여겨진다. 클라인록은 아파넷의 책임자로 초빙되었고, 1969년에 완성된 아파넷의 첫 번째 연결은 당시 클라인록이 근무하던 UCLA와 스탠퍼드 연구소 간에 이루어졌다. 두 기관 간의 네트워크 통신이 성공함으로써 인터넷이란 새로운 세상의 문이 열리기 시작했다.

네트워크의 초창기였던 1980년대 초에는 개인과 개인을 연결하는 이메일 E-mail 이란 체계가 도입되었는데, 이러한 사이버 공간 확장에 결정적으로 기여한 것은 월드와이드웹 World Wide Web, WWW 이다. 세계 규모의 거미집 같은 망 網 이란 뜻인데, 이는 분산되어 있는 온갖 종류의 정보를 통일된 방법으로 찾아볼 수 있게 한 소프트웨어다.

이 시스템은 1989년 유럽입자물리연구소에서 일하던 팀 버너스리 Tim Berners-Lee, 1955~가 제안한 것이다. 그가 발명한 WWW 덕택에 문자에만 의지했던 정보교환이 그림, 음성 등 다양한 영역에서도 가능해졌다. 말하자면 전문가가 아닌 보통 사람도 인터넷의 세계에 들어올 수 있게 된 것이다. 버너스리의 업적은 구텐베르크가 금속활자를 만든 것보다 더 의미 있는 것으로 여겨지기도 하는데, 이 엄청난 기술은 버너스리가 혼자 디자인해서 세상에 내놓은 것이다. 게다가 개인적으로 엄청난 재산을 쌓을 기회를 물리치고 세상 누구나 쓸 수 있게 공개했다. 이런 사람들 덕택에 역사는 발전하는 것 아닐까?

버너스리는 1994년에 미국 MIT 교수로 초빙되어 현재도 그곳에서 일하고 있으며, 2004년에는 핀란드 정부가 제정한 천년기술상 Millennium Technology Award의 첫 번째 수상자가 되었다. 이 상은 인간 삶의 질을 크게 증진한 엔지니어에게 주는 것으로, 2년에 한 번씩 시상하며 상금은 노벨상보다 더 많은 150만 달러에 이른다. 버너스리는 2022년에는 서울평화상을 수상하기도 했다. 이는 1988년 서울올림픽을 기념하여 세계 평화에 기여한 인물에게 수여하는 상이다. WWW를 통해 인류의 보편적 가치인 개인의 자유와 평등을 확대했으며, 인류 공동의 이익 증대에 공헌한 업적으로 수상자가 되었다.

초연결사회 – 연결을 넘어 얽힘으로

초연결사회는 우리 삶의 전반에 걸쳐 큰 변화를 가져왔으며, 이에 따라 우리의 사고방식, 행동양식, 그리고 사회적 구조도 빠르게 변하고 있다. 소셜미디어와 메신저 앱을 통해 사람들이 시간과 장소를 가리지 않고 실시간으로 소통하면서 글로벌 네트워크가 강화되었고 개인 간의 거리감도 줄어들었다. 아울러 온라인 플랫폼을 통해 기업과 개인이 연결되면서 전통적인 경제 구조가 이미 많이 변했으며, 전자상거래, 공유경제 같은 새로운 경제 모델이 활성화되었다. 교통, 의료, 교육 등 다양한 분야에서 일어난 변화는 우리 모두가 매일 경험하고 있는 바와 같다.

초연결로 인해 사람, 상품, 정보가 쉽게 이동하게 되면서 이제는 지구에서 사는 모두가 서로 연결되어 있는 셈이다. 지난 코로나-19 팬데믹 사태로 경험한 것처럼, 지구 한 곳에서 발생한 바이러스도 한순간에 전 인류에게 퍼지는 세상이다. 그러나 정보의 확산 속도는 바이러스의 그것과는 차원이 다르다. 이제는 그 누구도 이러한 연결에서 벗어날 수 없게 되었다. 사실 2008년의 경제위기나 현재 맞닥뜨린 기후위기도 마찬가지다. 전 세계 모든 이의 문제가 되었다. 그런 측면에서 사회는 지나치게 촘촘히 연결되면서 이제는 오히려 서로가 얽혀 있는 부자유스러운 사회가 되었다.

'연결 connectivity'은 개인이 스스로의 의지로 관계를 끊을 수 있지만 '얽힘 entanglement'은 혼자 떨어져 나오는 것이 거의 불가능함을 의미한다. 말하자면 전 세계인이 거대한 매듭에 모두 얽혀 있는 셈이다. 그만큼 시스템적인 위험 요소도 증가했고 사회는 복잡계가 된 것이다. 이는 물론 인류 역사상 처음 경험하는 현상인데, 문제는 이러한 무한의 연결 속에서 개인의 고립과 단절은 오히려 심화되고 있다는 점이다. 공동체의 결속력은 약해지고 다른 집단을 향한 혐오는 커지고 있다. 기술 발전은 현재 인류가 처한 문제를 해결하고 더 큰 번영을 이룰 수 있는 가능성을 열어 주지만, 갈등과 분열을 키워 인류의 몰락을 초래할 수 있는 위험성도 안고 있다. 그림자가 짙어진 것이다.

그 하나의 예로 초연결사회를 상징하는 유튜브가 가져온 빛과 그림자를 생각해 보자. 유튜브는 2005년 미국에서 20대 젊은이 세 명이 공동 창업했는데, 바로 다음 해 구글이 회사를 인수했다. 현재의 기업가치는 약 2천억 달러(약 260조 원) 이상이며, 1억 명 이상의 프리미엄(유료) 가입자를 확보한 세계 톱 영상 플랫폼이다. 창업자 셋은 각기 미국, 대만, 그리고 방글라데시 태생으로, 이렇게 서로 다른 문화가 융합했을 때 피어나는 높은 창의력의 결과가 유튜브인 듯싶다. 최근에는 사람들이 평균적으로 유튜브 시청에 매일 10억 시간 이상을 쓰고 있다. 즉, 하루 한 시간 이상씩 유튜브와 마주하고 있는 사용자가 세계에 적어도 10억 명이 존재하는 셈이다. 여하튼 오늘의 우리는 함박눈처럼 펄펄 내려 쌓이는 수많은 영상 속에서 사는 셈이다.

유튜버(유튜브용 동영상 제작자)는 자신이 제작한 영상에 포함되는 광고 등으로 수익을 올리는데, 이는 조회수에 비례한다. 그러기에 유튜버의 첫 번째 목표는 많은 이의 관심을 끄는 것이며, 이를 위해 비합리적이고 자극적인 것은 물론 심지어 거짓 정보까지도 유튜브에 올라오고 있다. 매우 안타까운 일이다. 예를 들면 '지구는 평평하다' 혹은 '인간의 달 착륙은 거짓이었다' 같은 주제로도 수백 개의 비디오를 찾을 수 있는데, 문제는 여기에 빠져들어 이런 황당한 주장을 사실로 믿는 이도 제법 있다는 사실이다.

유난히 심한 이념갈등 등으로 고통받는 우리 사회에서는 극단의 사람들이 올리는 유튜브 영상들에 의해 이러한 갈등이 더욱 증폭되고 있다. 상대방을 맹렬히 비난하면서 심지어는 근거 없는 내용까지 곁들여 증오를 불러오는 자극적인 영상들을 어떻게 해야 하나? 구글은 자체적으로 비합리적인 영상을 스스로 금지하고 있지만 이는 전체의 1% 미만인 것으로 알려져 있다. 즉, 영상을 관리하고 통제하는 기능은 거의 없는 셈이다. 반면에 구글은 AI, 즉 인공지능을 활용해 이용자 개개인의 입맛에 맞는 영상을 계속 추천해 준다.

이는 편의를 제공하는 측면도 있지만 궁극적으로는 이용자를 유튜브에 오래 잡아 두는 방편인데, 그로 인해 다양한 지식과 정보를 접하는 일은 오히려 크게 방해받는 셈이다. 예를 들어 이념갈등의 한 축에 한번 들어서면 같은 주장을 담은 영상들만이 계속 추천되기에 점점 그곳으로 빠져들게 되는 것이다. 즉, 유튜브는 이용자가 스스로의 믿음을 확인하고 재확인하는 데 기여함으로써 이른바 '확증편향적' 사고思考에 빠지는 데 일조하고 있다. 이는 특히 자기절제가 미숙한 청소년들에게 큰 문제다. 무엇이든 흡수하고 받아들이는 어린이들까지도 유튜브에 매달리고 있으니, 이에 대한 대책도 찾아야 할 것이다.

팀 버너스리는 2024년 3월 WWW 탄생 35주년을 맞아 공개서한을 보냈는데, 이 서한에서 그는 현재 상황에 대한 우려를 표명했다. 즉, 웹이 최근 들어 몇몇 대형 플랫폼에 의해 지배되면서 중앙 집중화, 개인 데이터의 착취, 그리고 민주주의와 표현의 자유에 대한 위협으로 이어졌다고 지적했다. 특히 소수 기업에 권력이 집중되어 웹의 본래 비전인 탈중앙화가 훼손되고 있다고 비판하면서, 데이터 프라이버시 및 온라인 조작과 관련된 문제점을 지적했다. 그는 웹의 근본적인 개혁을 통해 개인의 통제권을 회복해야 한다고 주장하며, 보다 다양한 인간 중심의 온

라인 공간을 조성해 협업을 촉진하는 것이 중요하다고 강조했다.[1]

---

[1] 공개서한 전문은 다음과 같다. https://webfoundation.org/2024/03/marking-the-webs-35th-birthday-an-open-letter/

Chapter 3

교육의 변화

아직 다가오지 않은 시간인 미래 영역은 우리가 경험하지 못한 가능성과 잠재력으로 가득 차 있다. 따라서 미래를 정확히 예측하는 것은 매우 어렵고 불가능에 가까운 일이다. 그럼에도 미래를 예측하고 대비하기 위해서는 과거의 흐름과 현재 데이터를 기반으로 추세를 정확히 분석하는 일이 필요하다. 인간을 포함한 만물은 과거, 현재 그리고 미래로 이어지는 시간의 축軸 위에서 살고 있기 때문이다. 그리고 인간은 이렇게 미래를 생각하고 준비하는 과정을 통해 만물의 영장이 될 수 있었다. 이는 국가도 마찬가지다. 미래를 짊어질 젊은이 교육에 열熱과 성誠을 쏟은 덕에 대한민국은 오늘의 풍요를 이루었다. 교육을 최우선으로 여기고 이에 정성을 다하는 개인과 사회에 밝은 미래가 찾아온다.

지난 세기에 가장 명망 있는 경영학자 중 한 사람이었던 피터 드러커 Peter Drucker, 1909~2005는 미래 준비에 대해 다음과 같이 이야기했다. "The best way to predict the future is to create it." 즉, 가장 확실한 미래 준비는 우리가 이를 만들어가는 것이란 말인데, 이는 아주 적절한 것으로 믿어진다. 미래는 준비된 자에게는 기회의 땅이다. 자신의 가치와 목표를 명확히 하고 꾸준히 노력하며, 변화를 두려워하지 않는다면 미래는 더 밝은 세상이다. 그러면 미래를 준비하는 삶의 자세에서 가장 중요한 것은 무엇일까? 그것은 틀림없이 평생학습의 자세를 유지하는 일이다. 빠르게 변화하는 사회 속에서, 새로운 기술이나 지식을 끊임없이 즐겁게 배우는 자세가 중요하다. AI시대에 '교육' 그 자체는 어떻게 변화할까?

문명전환, 그리고 교육의 역할

할머니의 가르침에서 비롯된 신석기 혁명

그것이 창조이건 진화이건 인류가 지구에 발을 딛고 살기 시작한 후의 기나긴 역사를 돌이켜 보자. 잘 아는 바와 같이 사람은 도구를 사용하면서 다른 동물과 구별되기 시작했는데, 태초의 인류가 수십만 년 넘도록 손에 쥐고 사용한 것은 큰 돌을 깨뜨려 얻어 낸 작은 돌조각뿐이었다. 결국 인류사의 대부분 시간은 지금의 우리는 상상하기도 어려운 구석기시대의 삶이다. 인류는 아주 긴 시간을 그렇게 보낸 후, 돌을 갈아서 좀더 쓸 만한 도구를 만드는 혁명적인 발전을 이루었다. 이렇게 신석기시대가 시작된 때가 불과 1~2만 년 전으로, 이 무렵부터 인류는 식량을 생산하면서 부락을 이루기 시작했다. 위대한 신석기 혁명으로 사람들은 움집을 짓고 빗살무늬토기를 만들며 훨씬 편안히 살게 됐다.

인류사의 커다란 진보인 신석기 혁명은 살면서 쌓은 경험과 지식이 대를 이어 전달되었기에 가능했다. 즉, 젊은이를 가르치는 교육이 자리 잡기 시작한 것이다. 실제로 신석기시대에 이르러 인류의 평균 수명은 20세 정도를 넘었으며, 이에 따라 처음으로 30~40대 할아버지와 할머니가 가족 구성원으로 나타나기 시작했다. 그리고 이들이 전해 주는 지식은 커다란 발전을 유발했다. 할머니의 역할은 특히 중요해서 딸의 출산을 돕는 일, 가뭄과 같은 시기 먹을 물이나 식량을 구하는 일에 큰 도움이 됐다. 이러한 할머니의 손자 손녀 사랑은 현재도 진행형이며, 그들이 전하는 삶의 지혜를 의미하는 'Grandmother's Wisdom'은 서양사회에서 아주 익숙한 단어다.

문자, 지식전달의 효과적 도구

그러나 할머니의 이야기는 순간 사라지는 것이기에 전달된 지식은 증발할 수밖에 없었다. 즉, 지식을 쌓아 두는 것은 불가능한 일이었다. 그러나 '눈에 보이는 기호visible marks'인 문자文字는 오래 지속되는 것이고 또 먼 곳에도 옮겨 전달할 수 있다는 장점을 지닌다. 즉, 문자는 이야기의 한계를 보완해 주는 의사소통과 지식전달의 효과적 수단이다. 말을 기록해서 전달하는 수단인 문자는 새로운 문명전환의 계기가 됐다. 인간의 삶에 새로운 혁명을 가져온 것이다.

인류사에 처음으로 문자가 등장한 것은 지금부터 약 5천 년 전이다. 이른바 세계 4대 문명 발상지인 중국 황하 유역, 메소포타미아 티그리스·유프라테스강 유역, 인도 인더스강 유역, 그리고 이집트 나일강 유역 사람들의 공

기원전 2600년경 수메르 문자로 쓰인 밭과 집의 매매
계약서. 8.5×8.5×2cm, 루브르박물관

통적인 특징은 문자를 쓰기 시작한 것이다. 메소포타미아의 수메르Sumer 사람들은 문자를 점토판에 새기고, 그중 중요한 것들은 가마에 구워 보관했다. 이런 방식을 통해 이야기로만 전달되던 지식은 대를 이어 가며 쌓이기 시작했다. 인류가 석기시대를 벗어나 청동기, 그리고 철기시대로 발전할 수 있었던 것은 이처럼 축적된 지식이 문자를 통해 후대에 전달된 결과다. 젊은이로서는 점점 더 학습하고 터득해야 할 지식이 많아지기 시작한 것이다.

수메르 시대에 존재했던 '점토학교'는 당시의 문자와 행정 기술을 가르쳤던 곳이다. 이곳은 수메르어로 '에두

바 edubba'라고 불렸는데, 이는 '점토판의 집' 또는 '서판書板의 집'이라는 뜻이다. 정부나 사원의 행정 업무를 담당할 인력 양성을 목적으로 글자를 읽고 쓰는 법을 가르치는 것이 가장 중요한 교육 내용이었다. 아울러 세금 계산, 거래 기록, 건축 및 농업과 관련된 수학 지식도 교육했는데, 당시에는 60진법 수학을 사용했다. 학생은 당연히 귀족계층 자녀들로, 권력과 부를 세습하는 것에 초점이 있었지만, 여하튼 점토학교는 인류 역사상 조직화된 초기 교육 시스템 중 하나로 인류 문명 발전에 지대한 영향을 끼쳤다.

그리고 익히 아는 바와 같이 중국은 세계에서 가장 오래된 상형문자象形文字의 발상지다. 기원전 약 16세기 상商왕조 시절에는 문자를 주로 거북의 등껍질이나 소의 뼈에 새겼기에, 이를 갑골甲骨문자라 부른다. 갑골문자는 주로 사물의 외형을 모방한 것인데, 예를 들어 '말馬'은 말의 형태를 본뜬 것이며, '해日' 역시 마찬가지다. 갑골문자는 청동기 위에 새기는 금문金文으로 발전했고, 더 유려한 곡선 형태를 띠면서 구조가 복잡해졌으나 여전히 사물의 외형을 묘사하는 방식이었다.

기원전 221년, 진秦 왕조의 시황제는 중국을 통일했다. 그런데 통일 이전, 즉 춘추전국시대의 7개 국가는 각각 그들만의 고유 문자를 지녔던 것으로 알려져 있다. 전국시대는 500여 년이란 긴 기간이었으며, 따라서 각 나라가 독자적인 문자와 어휘, 발음 체계를 구축할 수 있었다. 이 나라들을 무력으로 평정한 진시황제는 분서焚書라는 방식을 통해 그들의 언어와 문자를 통일했고 상형문자는 점차 한자漢字 구조로 정리되기 시작했다. 여기에 따르지 않는 자는 일족을 멸했다. 통일된 문자를 갖는 일이 이렇게 어려운 것임을 생각하면 세종대왕의 한글은 하늘이 우리 민족에 내려 준 가장 큰 축복이다.

실제로 스스로의 문자를 창제한 민족은 전 세계에서 우리뿐이다. 소통과 의사 전달에 아무런 불편이 없었을 세종대왕 스스로가 오로지 일반 백성들의 어려움을 헤아려 문자를 만든 것은 전체 인류사에서 유례를 찾기 어려운 일이며, 앞으로도 그럴 것이다. 게다가 한글이 지닌 합리성, 독창성에 대해서는 누구나 감탄할 수밖에 없다. 발음기관의 모습을 본떠 글자를 만든 사실도 대단한데, 기본 글자에 획을 더해 'ㄱ', 'ㅋ', 'ㄲ'처럼 음성학적으로 동일 계열의 글자를 만든 것은 놀라운 창의성이다. 한글은 인간이 창제했다고는 믿을 수 없는 기적 같은 발명품이며, 바로 그 덕에 오늘의 우리는 문화민족으로서 자긍심을 지니고 살고 있다.

인쇄 기술, 지식 축적과 확산을 가속하다

처음에 붓과 펜을 이용해 문자와 그림 등의 형태로 겨우 한두 장 종이 위에 손으로 기록되던 지식은 그 양이 늘어나면서 종이를 여러 장 묶어 만든 책자의 형태로 가공되었다. 이렇게 책 한 권은 한 사람이 평생 쌓은 지식이 담긴 것이었다. 가치가 있는 한 권의 책은 다시 여러 권으로 복제되었는데, 이 일도 모두 필사筆寫, 즉 글을 베껴 손으로 옮겨 적는 작업을 필요로 했다. 또 다른 한 권의 책을 만드는 일에 얼마나 많은 시간과 노력이 필요한지는 익히 짐작되는 바이다. 결국 책은 왕족이나 귀족들만이 지닐 수 있는 고가高價의 귀중품이었다. 당연히 지식의 전달과 확산은 지극히 제한된 상태였고, 인류는 그렇게 수천 년을 지냈다.

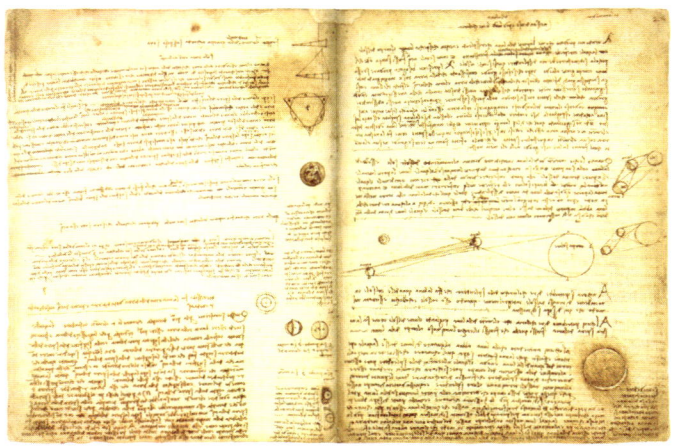

레오나르도 다빈치가 1506년부터 1510년까지 4년간 엮은 노트북. 발명 아이디어와 300여 개의 스케치가 실려 있는 전체 72쪽 책자인데, 1994년에 빌 게이츠가 3천만 달러에 구입해 공개했다.

그러나 인쇄술 발명으로 책자의 대량 발간이 가능해지면서 지식 전달 체계에는 또 한 번의 혁명이 일어났다. 잘 아는 바와 같이 구텐베르크에 의한 금속활자 발명은 약 500년 전의 일이다. 우리 민족은 금속활자를 그보다 훨씬 먼저 발명했는데, 실제로 세계문화유산으로 등재된 《직지심체요절直指心體要節》은 구텐베르크의 첫 인쇄보다 78년이나 앞선 것이다. 이것은 당시 고려가 인쇄 기술에서 가장 앞섰던 나라임을 확실하게 증명하는 일이다. 그러나 고려에서는 활자를 이용한 책자가 대량으로 제작되지 않았고, 당연히 많은 사람들이 책을 읽지는 못했다.

반면 서양에서는 금속활자로 인쇄된 책자가 널리 보급되면서 사회를 혁명적으로 변화시켰는데, 그중 가장 두드러진 예는 마르틴 루터가 1517년에 출판한 《95개 조의 논제》라는 책일 것이다. 이 책은 발행 부수가 30만 부를 초과했는데, 이는 당시의 사회 경제 규모에서는 그야말로 초超밀리언셀러였다. 종교개혁도 결국 그 불씨는 루터가 쓴 이 한 권의 책이었고, 이 책을 읽은 수많은 사람들에 의해 새로운 역사가 펼쳐진 것이다. 1687년 뉴턴이 발간한 《프린키피아》는 인류에게 자연과학이란 새로운 세계의 문을 열어 줬으며, 이를 통해 산업혁명의 씨앗이 뿌려졌다. 종이와 인쇄가 있는 곳에 혁명과 혁신이 일어난 것이다.

19세기 중엽의 시점에서 세계를 돌아보면 산업혁명을 통해 근대화된 서구는 아편전쟁을 거치며 이미 중국을 잠식하고 있었다. 조선과 일본 두 나라도 풍전등화 같은 신세였는데, 1852년 9월에 조선에서는 고종 황제가, 그리고 두 달 후에 일본에서 메이지 일왕日王이 태어난다. 두 사람은 모두 10대 초반에 즉위해 고종은 44년간, 메이지는

45년간을 나라의 최고지도자로 일했는데, 그 기간 동안 조선은 안타깝게도 세계지도에서 사라지고 일본은 열강으로 올라섰다. 지도자의 역할은 이렇게 중요한 것이다.

만약 메이지가 이 땅에서 태어나고 고종이 일본에서 태어났다면 두 나라의 운명은 어찌 되었을까? 워낙 말도 안 되는 가정이기에 생각할 일도 못 되지만, 지도자의 역할과 더불어 간과하면 안 될 점은 일본이야말로 전형적인 책 읽는 사회라는 사실이다. 일본 최고액 지폐인 1만 엔 권에 초상화가 올라 있는 후쿠자와 유키치는 그런 의미에서 일본 근대화의 초석을 놓은 사람이다. 그가 서양을 돌아보고 1866년에 펴낸 《서양사정西洋事情》이라는 책은 단번에 20만 부가 팔렸는데, 3,500만 명 정도의 당시 일본 인구를 고려하면 얼마나 많은 사람이 이 책을 읽으며 서양을 학습했는지 쉽게 짐작할 수 있다.

특히 수년 후 그가 다시 저술한 《학문의 권장》은 오늘날에도 일본의 서점에서 쉽게 찾을 수 있는 책인데, 출판 후 누적해서 약 400만 부가 팔렸다고 한다. 내용은 일본 국민에게 서양의 학문, 사상, 가치관을 소개하면서 개인의 자주성과 교육의 중요성을 강조한 것이다. 그는 "하늘은 사람 위에 사람을 만들지 않고, 사람 아래에 사람을 만들지 않았다"며, 계급과 신분 제도에 얽매이지 말고 스스로 학문을 통해 성장해야 한다고 역설했다. 이 책은 일본 국민에게 근대적인 개인주의와 평등 의식을 심어 주었고 일본의 근대 교육제도를 정착시키는 데 기여했지만, 그의 사상은 일본의 제국주의 발전에 영향을 주었다는 비판도 있다. 여하튼 일본 근대화를 이룬 주역은 책 읽는 일본 국민이었다. 책 읽는 개인이 발전하며, 책 읽는 사회가 진보하고 혁신한다. 이는 역사가 증명하는 사실이다. 우리가 깊이 새겨야 할 교훈이다.

20세기 - 교육의 시대

세계적으로 20세기는 교육이 크게 확대된 시기였다. 현재 지구에 존재하는 모든 국가의 3분의 2 이상은 이 기간에 독립을 이루면서 학교 교육을 사회의 기본 제도로 도입했다. 의무교육은 국민 모두가 교육받을 권리를 인정하여 인간 존엄성을 누리기 위함이다. 그러나 다른 한편으로는 국가의 필요에 의한 것이기도 하다. 20세기 들어 산업이 크게 발전하면서 상품을 대량 생산하는 공장에 많은 노동자가 필요했고, 이들은 적어도 글을 읽을 수 있는 능력을 갖추어야 했기 때문이다. 그 결과 이제는 세계 대부분의 국가에서 초등 교육의 의무화가 이루어졌고, 더 나아가 많은 선진국에서는 대학 교육까지도 보편화되었다. 교육은 개인의 잠재성을 계발하고 사회 질서를 유지하며 아울러 경제 발전을 이루는 유일한 수단이다.

  1945년 광복 직후, 우리 국민은 상당수가 한글도 제대로 못 읽는 비참한 상황이었다. 문맹文盲 퇴치를 위한 초등 교육은 1950년에 의무화되었는데, 이는 대한민국 교육사에서 가장 혁신적이고 가치 있는 교육 정책으로 평가받는다. 의무교육으로 인해 초등학교 취학률은 1960년을 전후해 90%를 넘었다. 그러나 한 해 출생자가 100만 명에 가깝던 시절이다. 태부족인 학교 시설 때문에 학생들을 오전·오후반으로 나누고, 심지어 저녁반까지 운영하는 3부제 수업도 있었다. 학생 수 100명이 넘는 학급도 많았던 시절이다.

  당시 참으로 헐벗었던 우리 초등학교 학생들은 유네스코UNESCO 지원 덕분에 교과서를 갖게 되었다. 이를 이

반기문 전 유엔 사무총장의 초등학교 4학년 2학기 자연 교과서. 현재 파리 유네스코 본부에 전시되어 있다. 반 총장은 교과서를 기증하며 "이 책으로 공부한 어린이들이 오늘의 한국을 이루었다"고 감사의 뜻을 표했다. (사진: 〈연합뉴스〉)

용해 공부했던 어린이, 반기문은 2007년에 유엔 사무총장이 되었고 그가 유네스코에 기증한 1956년 판 자연 교과서는 현재 프랑스 파리 유네스코 본부에 전시돼 있다. 이 시절 출판된 교과서의 뒤표지 안쪽에는 "금번에 유네스코와, 운크라에서 인쇄기계의 기증을 받아, 국정교과서 인쇄전속공장이 새로 생겼는바, 이 책은 그 공장에서 박은 것이다. - 문교부 장관"이라는 감사의 글이 적혀 있다. 운크라 UNKRA는 6·25전쟁으로 폐허가 된 대한민국의 경제 부활을 위해 유엔이 설립해 운영했던 조직이다.

이렇게 매우 어려웠던 지난날의 삶을 이제는 모두가 까맣게 잊었지만, 대한민국이 지난 20세기 후반에 이루어 낸 기적 같은 발전은 오로지 교육의 힘 덕분이다.

디지털문명시대의 새로운 교육

혁명이란 사회 관습이나 제도 그리고 생활방식 등이 단숨에 바뀌는 상황을 일컫는다. 왕조王朝가 무너지고 민주 정부가 들어서면서 사회 구성원 모두가 세상의 주인이 된 것은 정치혁명의 결과다. 250여 년 전에 시작된 산업혁명도 인류사회에 커다란 변화를 가져왔다. 다양한 산업과 기술의 발전 덕택에 우리는 풍요로운 삶을 누리고 있으며, 교육에도 앞에서 이야기한 바와 같이 놀라운 변화가 있었다. 그림 6은 지난 1천 년간의 전 세계 인구 변화를 나타낸 것인데, 여기에 주요 기술의 등장을 함께 생각해 보자. 즉, 1600년경에는 인쇄 기술, 1700년경에는 증기선, 그리고 1800년경에는 대규모 공장들이 만들어졌고, 이러한 발전에 따라 인구도 소규모로 늘어났다. 삶의

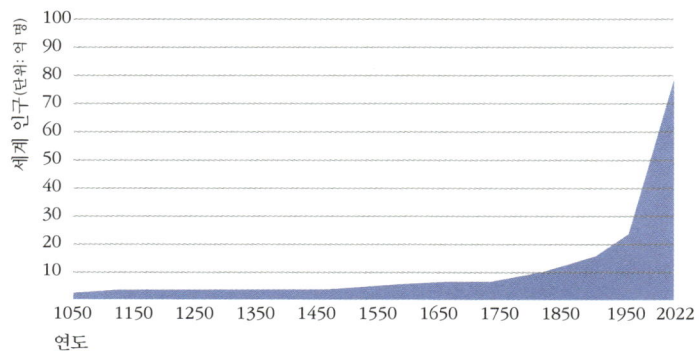

그림 6 – 지난 1천 년간의 세계 인구 변화. 1850년경부터 시작된 기술 발전과 산업혁명으로 인구가 급증했다. (자료: 추정치/유엔)

여건이 조금씩 개선되었기 때문이다. 1800년의 세계 인구는 9억 명이었지만 1900년에는 16억 명으로 증가했다.

그리고 1900년부터 2000년까지, 즉 20세기는 기술적으로 놀라운 혁신의 세기였다. 전기, 자동차, 항공기, 상·하수도, 컴퓨터, 라디오, TV에서부터 우주선과 원자핵공학까지 수많은 기술이 개발되어 산업으로 연결되었고, 그로 인해 풍요로워진 생활환경 덕에 현재는 지구에 80억 명 넘는 인류가 살고 있다. 지난 1970년 인구는 40억 명이었으니 반세기 만에 꼭 두 배로 증가한 것이다. 인류의 삶은 20세기에 있었던 기술혁명에 의해 현격히 바뀌었는데, 이제는 여기에 더해 디지털 기술이 일으킨 또 다른 혁명이 전개되고 있다.

20세기 중반 개발된 반도체와 컴퓨터는 디지털 혁명의 도화선이 되었으며, 1971년 실리콘밸리의 무명 기업이었던 인텔이 개발한 세계 최초의 마이크로프로세서는 이 도화선에 불을 댕겼다. 그 후, 컴퓨터는 인터넷과 연결되면서 지식 전달의 새로운 수단이 됐다. 그리고 약 15년 전부터 보급되기 시작한 손 안의 컴퓨터, 즉 스마트폰은 세상을 더욱 빠르게 변화시키고 있다. 책 속에 있던 모든 지식과 정보는 인터넷으로 들어갔으며, 이제는 아무 때나 어느 곳에서나 간편하게 필요한 지식을 얻을 수 있게 됐다.

일반적 작업을 처리하는 컴퓨터의 중앙처리장치 Central Processing Unit, CPU 에 수많은 데이터를 병렬로 처리하는 그래픽처리장치 Graphics Processing Unit, GPU 가 보완되면서, 최근에는 챗GPT 같은 AI가 우리 삶에 들어왔다. AI가 초래할 사회적 폐해가 상당할 것이니 잠시 개발을 멈추자는 이야기도 있지만, 결국 기술은 계속 발전할 것이다. 그리고 앞으로 AI에 양자 quantum 컴퓨팅이 더해지면 그 능력은 상상을 초월할 것이다. 지금부터 다시 15년이 지나면 우리 삶은 과연 어떤 모습일까? 현재 진행 중인 디지털 혁명은 신석기 혁명, 문자 혁명 그리고 인쇄 혁명만큼 인류의 삶에 큰 변화를 가져올 것이다.

첨단 정보기술은 당연히 교육에 이미 큰 영향을 미쳤으며, 이는 기존의 교육을 새로운 방식으로 전환해야 함을 일깨우고 있다. 암기나 계산은 AI로 대체될 것이기 때문에 앞으로는 창의력, 공감능력, 비판능력 등 인간 고유의 역량 개발에 중점을 두어야 한다. 교육기관은 AI를 잘 활용하고 기존 교육방식과 균형을 유지하면서 학생들의 고유한 재능과 능력을 끌어낼 수 있는 새로운 교육 프로그램을 고안해야 한다. AI의 장점을 최대한 활용하면서 교육의 질적 향상을 기하는 것이 교육 개혁의 방향이 되어야 한다.

지난 반세기 동안에 이룩한 우리 사회의 기적적인 발전의 밑바탕에는 교육의 힘이 있었음을 부정할 사람은 아무도 없을 것이다. 그러나 미래에 대해서는 누구에게 물어도 걱정이 많다. 교육으로 일어선 나라가 교육 때문에 주저앉을 상황이다. 모두가 걱정하는 우리 교육이 AI를 통해 혁신의 길로 들어서길 기원한다. 하지만 모든 기술은 인간사회에 긍정적인 측면과 부정적인 측면의 양면성을 가지고 있다. 교육정책 입안자들은 AI 활용에 대한 가이드라인과 규칙을 만들고, 학교 현장 교육에서도 이 기술의 부정적 측면을 도외시하면 안 될 것이다.

초장수사회를 위한 교육 시스템

우리 사회의 당면 문제 – 인구절벽

1970년대 초 우리나라의 기대수명은 60세를 겨우 넘겼으나, 2024년 현재는 84세를 넘어섰다. 이는 일본, 스위스 등과 거의 같은 수준이며, 조만간 세계 1위를 차지할 것으로 예측된다. 신생아 감소와 고령화가 모두 빠르게 진행되었으니 생산과 소비의 핵심 연령층인 15세에서 54세까지의 인구 비율이 급속히 떨어지는 것은 필연이다. 이러한 인구절벽은 심각한 경제위기로 이어질 수밖에 없는데, 우리는 이 어려움을 어떻게 극복할 수 있을까? 한편, 우리 젊은이들의 대학 진학률은 이미 오래전부터 70%를 상회하고 있다. 이는 경제협력개발기구 OECD 국가 평균 40여%에 비해 상당히 높은 비율이다. 많은 대학이 1990년대 후반에 새로이 설립되었고, 학생 확보에 아무런 어려움이 없던 시절을 지내며 현재 우리 교육 시스템은 한 해 대학 입학 정원 50여만 명에 맞추어져 있다. 그러나 2022년생이 대학에 입학할 2040년에는 높은 진학률을 유지하더라도 전체 신입생 수는 17만 명뿐일 것이 분명하다. 지금처럼 학생들이 서울로 쏠리면 지역대학은 모두 사라질 것이다. 지역 자체도 생기를 잃을 것이며 이는 결국 대한민국이 소멸하는 길이다. 인구절벽과 이로 인해 야기되는 여러 문제는 사회 구성원 모두가 힘을 합쳐 해결해야 할 국가적 과제다.

우리가 마주한 이 문제를 헤쳐 나갈 수 있는 방안 중의 하나는, 이미 수년 전 서울대 김태유 교수가 그의 저서 《은퇴가 없는 나라》에서 제안한 이른바 이모작二毛作 인생 가꾸기로 믿어진다. 기업에 다니는 대부분의 직장인은 50대 중반도 못 되어 퇴직하는 것이 우리 현실이다. 그의 주장은 이런 은퇴자들을 다시 생산 주체로 바꾸어 인생에서 두 번째 경제활동에 참여할 수 있도록 새로운 사회체제를 가꾸자는 것이다. 이렇게 해서 생산과 소비의 핵심 연령층을 60대 후반까지 연장할 수 있다면, 이는 인구절벽으로 인한 사회문제 및 경제위기 해결에 크게 기여할 것이 확실하다.

이런 이모작 인생을 위한 새로운 사회체제 만들기에는 무엇보다도 대학들이 적극 나서야 한다. 그간의 대학은 젊은이들을 위한 교육기관이었다. 그리고 대학교육은 학업을 마친 후 직업인으로 30여 년 사회활동을 하다가 은퇴하는 전형적인 일모작一毛作 인생을 위한 것이었다. 그러나 앞으로의 대학은 이모작 인생을 준비할 수 있도록 노장년층 교육에 나서야 한다. 이를 통해 60대 이상의 인력도 대다수가 사회에 참여해 경제활동을 할 수 있다면 이는 개인적으로도 매우 보람 있는 삶이 될 것이다. 국가를 부강하게 만들며 국민 모두의 행복지수를 높이는 길이다.

대학들은 이미 평생교육을 하고 있는데, 그 과정의 목표는 주로 은퇴자들이 문화적, 지적知的으로 좀더 풍부한 삶을 가꾸는 것이다. 여기에서 한 걸음 더 나아가, 이제는 교육 대상 및 목표를 새롭게 잡아야 한다. 은퇴 이전 연령층을 새로운 대상으로 설정하고, 이들이 과정을 이수하면 새로운 취업에 확실히 도움이 될 수 있도록 실용적인 목표를 지녀야 한다. 아울러 교육 방법 자체도 대면교육 같은 과거의 틀에서 완전히 벗어나야 할 것이다. 이미 젊은 이들만으로는 존립하기 어렵게 된 우리 대학들이다. 새로운 돌파구를 노장년층 교육에서 찾는 일은 선택이 아닌 필수일 것이다.

초장수사회의 평생학습

앞에서 대학이 평생교육 기관으로 변신해야 한다고 했으나, 정작 중요한 것은 각 개인이 평생학습 life long learning 을 다짐하면서 이를 실천하는 일이다. AI를 비롯한 정보기술은 매우 빠르게 발전하고 있으며, 이로 인해 기존의 업무방식이나 생활양식도 끊임없이 변하고 있다. 이제는 한 번의 대학 교육으로 평생을 살아가는 것은 확실히 불가능한 세상이다. 나이에 상관없이 평생 학습하면서 새로운 기술과 지식을 지속적으로 습득해야만 적응할 수 있는 세상이다.

게다가 미래에는 기존의 전통적인 직업은 수명이 짧아지고, 새로운 직업이 계속해서 생겨날 것이다. 예전처럼 하나의 직업을 평생 유지하는 것은 불가능해져 여러 직업을 거쳐야 하고, 때로는 완전히 다른 분야로의 전환도 필요하다. 결국 개개인이 새로운 직업에 적응할 수 있는 능력과 지식을 꾸준히 습득해야 한다. 평생학습은 한 개인이 직업 전환을 성공적으로 이룰 수 있는 유일한 길이다. 이를 통해 개개인의 역량이 지속적으로 향상되면 사회 전반의 생산성도 당연히 증가할 것이며, 국가의 경제 성장을 이끌 것이다.

삶의 질 향상과 개인적 만족을 위해서도 평생학습은 필수적이다. 인간은 학습을 통해 자아를 실현하고, 성취감을 느끼며, 보다 풍요로운 삶을 살아갈 수 있다. 학습을 통해 새로운 관심사와 취미를 발견하고, 이를 통해 삶의 목표를 재정립하는 것은 초장수사회를 행복하게 사는 방법이다. 그리고 평생학습은 사회적 불평등을 줄이는 데도 역할을 할 것이다. 교육의 기회를 균등하게 제공해서, 소외된 계층이나 중장년층도 새로운 기술과 지식을 습득할 수 있어야 한다. 특히 디지털 격차와 같은 문제는 교육을 통해 필히 해결해야 한다. 결론적으로, 평생학습은 개인과 사회 모두에게 필수적이며, 미래사회의 더 나은 삶을 위한 중요한 전략이다.

미래 준비에 교육 이상은 없다!

예측할 수 없는 미래를 살아갈 오늘의 젊은이들은 능동적으로 자신의 잠재력을 최대한 발휘하는 인재로 성장해야 한다. 정해진 문제를 효율적으로 풀 수 있는 힘을 기르는 것만으로는 충분하지 않다. 축적된 지식을 바탕으로 무엇이 중요한지 주체적으로 판단하고 스스로 질문을 던져 타인과 협업하면서 새로운 가치를 창출할 수 있는 능력을 키워야 한다. 학교 현장에서는 학생 한 명 한 명의 가능성을 키우고, 새로운 시대가 요구하는 자질과 능력을 확실하게 육성하는 것이 중요하다.

지난 시대가 한 번의 시험 성적이 모든 것을 결정하는 토너먼트 사회였다면, AI시대에는 평생 여러 번의 기회가 주어지고 그 결과가 모여 삶이 결정될 것이다. 이는 어떤 측면에서 사람들의 창조성과 협동성에 의해 사회가 가동되는 '인간'의 시대로 전환되는 것을 의미한다. OMR 카드에 잘못 그은 막대기 한두 개가 인생의 승패를 결정하는 단편적인 사회가 아니라, 한두 번의 실패는 성공을 위한 예행연습이 되는 유연하고 탄력적인 사회가 될 것이다.

그림 7 – 행복하고 성공적인 삶을 가꾸는 데 필요한 10가지 성취 능력

미래에는 모두가 AI와 함께하면서 100여 년 넘는 긴 시간의 삶을 살아야 할 것이다. 최근에 맹성현 교수는 그의 저서 《AGI 시대와 인간의 미래》에서 젊은이들의 교육에서 집중적으로 길러야 할 능력을 다음과 같이 제시했다. ① 창의적이고 혁신적인 방식으로 문제를 생성하고 해결할 수 있는 능력, ② 스스로 학습 목표를 설정하고, 자율적으로 학습을 계획하고 실행하는 능력, ③ 다양한 사회적 배경을 가진 사람들과 효과적으로 상호작용하고 협력하는 능력, ④ 기술과 사회 변화에 대한 윤리적 판단 능력, 그리고 ⑤ 지속가능한 발전을 추구하며 환경과 사회에 기여하는 능력이 그것이다.

여기에 더해서, 그림 7에 제시된 능력들은 학생 스스로가 유념하면서 키워 나가야 할 사항이다. 이러한 성취 역량은 사실 행복한 삶을 누리는 데 있어 매우 중요하다. 예를 들어 경제적 분별력이 없으면 어떤 경우에도 어렵고 힘든 삶을 지낼 수밖에 없다. 학교에서는 물론 가정에서 스스로가 키워야 할 중요한 역량이다.

Chapter 4

미래 산업과 경제, 그리고 직업

경제는 사람들이 필요로 하는 재화와 서비스를 생산, 분배, 그리고 소비하는 활동을 모두 포함하는 개념이다. 자원의 제한성과 인간의 무한한 욕구 사이에서 경제는 사회 안정성과 개인의 삶의 질을 결정짓는 핵심 요소다. 애덤 스미스Adam Smith는 1776년에 출판한 그의 저서 《국부론國富論》에서 자유시장경제의 이론을 체계적으로 설명했다. 그는 인간의 이기심이 시장의 "보이지 않는 손"에 의해 공공의 이익으로 이어진다고 주장했고, 이는 자본주의 경제체제의 토대가 되었다.

반면에 칼 마르크스Karl Marx는 1867년에 그의 대표작 《자본론資本論》에서 자본주의는 노동의 착취를 기반으로 한다고 비판하며, 생산 수단의 사회적 소유를 주장했다. 그의 사상은 이후 공산주의 경제체제의 이론적 기초가 되었다. 그 이후, 자유시장경제를 신봉하는 유럽과 미국을 비롯한 민주국가들과 공산주의를 국가이념으로 삼은 러시아 및 중국 등 간의 경쟁은 아직도 계속되고 있다. 서로 다른 두 경제체제 간의 다툼이었던 6·25전쟁을 통해 우리는 한 사회의 경제 시스템이 얼마나 중요한 것인가를 뼈저리게 느꼈다.

이제는 산업문명이 디지털문명으로 바뀌면서 경제의 작동방식도 근본적으로 변화하고 있다. 디지털경제는 국가의 경계를 넘어서 작동하며 새로운 협력과 경쟁을 유발하고 있다. 전 세계적으로 상품과 서비스는 디지털 플랫폼을 통해 거래되고 있으며, 네트워크 효과를 활용한 플랫폼 기업, 예를 들면 구글이나 아마존 등이 시장을 지배하고 있다. 이러한 변화는 더 큰 효율성과 기회를 제공하지만 동시에 새로운 도전과제를 제시하고 있다. 이에 적응하기 위해서는 개인, 기업, 정부 모두가 디지털경제에 대한 이해와 준비를 강화해야 할 것이다.

개인적으로 살아가는 데 있어 가장 중요한 것이 경제활동, 즉 돈을 버는 일이다. '생업生業'이란 말에서 알 수 있듯 경제적 소득을 얻을 수 있는 직업이 없다면 삶은 지속되지 않는다. 취미활동만으로도 충분히 잘살았던 과거의 왕족이나 귀족들의 경우는 우리에게 해당되는 이야기가 아니다. 직업은 현대에 들어서는 단순히 생계를 위한 정신적 혹은 육체적 노동을 넘어, 개인의 정체성, 성취감, 그리고 사회적 기여 등 다양한 가치와 연결된다. 직업의 미래는 어떻게 될까?

직업의 변천사

모두가 일을 해야 살 수 있었던 지난날

"얘! 너는 다음에 어른이 되면 무엇이 되고 싶으냐?" 오래전, 어린이들이 흔하게 받았던 질문이다. 이에 대해 이제 70대 이상이 된 노년세대의 남자아이들은 대통령이나 장군이 되고 싶다는 답변을 많이 했다. 그저 재미있는 하나의 추억거리인데, 이렇게 답변이 획일적이었던 것은 우리 사회에 그만큼 직업의 종류가 적었기 때문이다. 반면에 오늘날 이 질문에 대한 답은 의사, 변호사, 작가, 프로그래머 등 아마도 수천 가지가 될 것이다. 2024년에 수행된 학생 희망 직업 조사 결과, 1~3위 희망 직업은 교사, 운동선수, 의사, 크리에이터 등으로 나타났다. 세상은 이렇게 현격히 바뀌었고, 또 앞으로도 그렇게 바뀔 것이다.

　인류가 지구에서 삶을 살아온 아주 긴 세월 동안, 먹고 살기 위해 하는 일은 단 두 가지밖에 없었다. 즉, 생존에 필요한 식량을 얻기 위해서는 동물을 사냥하거나 식물과 열매를 채집해야 했다. 직업은 이렇게 수렵과 채집밖에 없었다. 그러나 신석기시대에 이르러 집단으로 모여 살기 시작하면서 다른 직업도 생겨났다. 마을에서는 누군가가 불을 만들고 유지하는 일을 담당했을 수도 있고, 혹은 아픈 사람들을 전문적으로 돌보는 사람이 필요했을 수도 있다. 수렵과 채집 외에도 먹고살 수 있는 직업이 추가로 생긴 것이다.

　시간이 지나 사회 규모가 점차 커지면서 점점 더 많은 직업이 생겨났다. 낫과 호미를 만드는 대장장이, 독을 굽는 옹기장이, 그리고 신발을 만드는 신기료장수 등은 다른 사람들의 생활 욕구를 충족시키면서 그 대가로 스스로의 삶을 이어 갈 수 있었다. 그러나 18세기 후반까지의 농경사회에서는 전체 인구의 90% 이상이 농업에 종사했다. 삽과 호미 그리고 쟁기 같은 단순한 농기구만으로 농부 한 명이 생산할 수 있는 식량은 겨우 두세 사람 정도가 먹고살 수 있는 양이다. 열 명의 가족이 살기 위해서는 네 명이 땀 흘려 일해야 했는데, 그나마도 땅이 충분히 마련된 경우의 이야기다. 먹고사는 일은 이렇게 어려운 것이었다.

산업혁명은 직업 구조에 큰 변화를 가져왔다. 대량 생산이 가능해지면서 사회가 산업 중심으로 전환되었고, 도시로 이주해 공장에서 일하는 노동자가 늘어났다. 그러나 아직도 모두가 어려운 형편이었기에 어린이들도 당연히 돈 벌기에 나섰는데, 고용주들은 오히려 이들을 선호했다. 성인보다 낮은 임금을 주어도 되었기 때문이다. 미국에서는 20세기 초에 16세 이하의 어린이가 전체 노동자의 20%가량을 점했다. 다음 쪽의 사진은 그 무렵의 미국 방직공장에서 일하던 어린 노동자들 모습이다. 노동 현장에 8살 미만의 어린이도 드물지 않았다.

아동 착취와 학대가 사회문제로 대두되었고, 이에 따라 미국 의회는 1916년에 아동노동법을 제정했다. 그리고 당시의 국제연맹이 제네바 선언으로 아동의 권리를 천명한 것은 1924년이었다. 그러나 미국에서 아동 보호가 실제로 실행된 것은 1938년에 노동기준법 등이 제정된

20세기 초 미국 방직공장에서 일하는 어린 노동자들. 노동 현장에서 어린이가 보호받는 일은 미국에서도 20세기 중반에 이르러서야 가능했다.

이후의 일이다. 이처럼 가장 소중한 가치관인 아동 보호도 결국은 국가 경제력이 궤도에 올라야 가능한 것이다. 오늘도 저개발국가의 수많은 어린이들은 열악한 환경의 노동현장에서 하루를 보내고 있다. 8시간 근무 같은 것은 꿈도 못 꾸고, 나아가 휴일도 없는 그런 삶이다. 이에 비하면 오늘의 우리 사회는 이미 유토피아에 이른 듯싶다.

현대사회, 없어지고 생겨나는 직업

20세기 중반에 들면서 직업은 더욱 다양해졌다. 교육이 확대되면서 관련 일자리가 현저히 늘어났고, 과학기술의 발전으로 새로운 영역이 열렸다. 상점과 음식점이 늘어나면서 새로운 서비스 직업도 많이 생겨났다. 오늘날 인터넷과 관련된 수많은 직업은 사실 30년 전만 해도 전혀 상상조차 할 수 없었다. 그러나 기술의 발전으로 존재하던 직업 중 상당수가 사라진 것도 사실이다. 예를 들어, 개인용 컴퓨터의 발명으로 타이피스트라는 직업은 없어졌고, 수동식 전화기의 통화를 연결해 주던 교환원 직업도 완전히 사라졌다.

그림 8은 미국사회의 직업 변화 일부를 개괄해 보여주는데, 예를 들어 1970년대에 200만 명에 이르던 타이피스트는 그 후 30년 만에 완전히 사라졌다. 대신에 1970년대에 전혀 없던 소프트웨어 개발자는 같은 기간에 400만 명 가깝게 늘어났다. 이처럼 직업은 빠르게 바뀌고 있는데, 실제로 최근의 조사 연구에 의하면 오늘날 우리 사회에 존재하는 수만 종류의 직업 중 60%는 1940년 시점

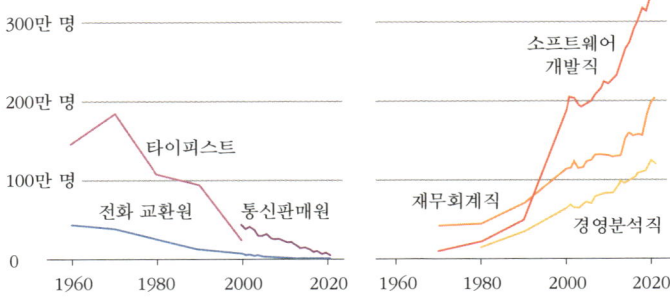

그림 8 −1960년 이후 미국사회의 직업 변화. 신기술이 나오면 새로운 직업이 만들어지기도 하지만 또 한쪽에선 많은 직업이 사라진다. (자료: 미국 통계청)

에는 아예 존재하지 않았던 것으로 밝혀졌다. 미래 어느 시점에 우리는 다시 2025년에는 없었던 직업이 전체의 60%을 차지하고 있다고 똑같은 이야기를 할 것이다. 물론 이것이 얼마나 먼 훗날의 일일지는 누구도 모른다.

이른바 4차 산업혁명과 함께 AI, 빅데이터, 로봇공학, 블록체인 등 첨단 기술이 등장하면서 직업의 개념도 새롭게 재편되고 있다. 자동화와 AI의 발전으로 전통적인 일자리는 감소하고 있지만, 다시 새로운 직업들은 계속 생겨나고 있다. 예를 들어 데이터 과학자나 디지털 마케터와 같은 새로운 직업군이 확산되고 있으며, 그와 동시에 노동의 유연화와 삶과 일 사이의 균형을 추구하는 움직

임도 강해지고 있다. 더불어 여성의 사회 진출이 증가하면서 직업에서의 성^性 역할에 대한 고정관념도 없어졌고, 원격근무나 프리랜서와 같이 근무 형태도 고정된 장소를 벗어나 다양해졌다. 그러나 어쨌건 현재의 직업은 상당수가 사라질 것이 틀림없다.

주 3~4일 근무가 시행될 미래

인류가 지금처럼 적은 시간을 일하면서 편안하게 살게 된 것은 기술 진보 덕이다. 실제로 지난 20세기 동안 인류사회 전체의 평균 근로시간은 절반 정도나 줄었다. 즉, 1900년대 초반에는 유럽 및 미국의 공장 노동자 근로시간은 1주일에 60시간이 넘었으며, 한 달 내내 휴일 없이 일해야 하는 사람도 많았다. 현재 많은 선진국의 근로시간은 1주일에 40시간 정도인데, 프랑스는 이미 20년 전에 1주일 35시간 근로를 공식화했다. 그리고 네덜란드는 1주일 30시간 근로제를 시행하고 있다.

그림 9는 현재 세계 각국이 공식적으로 시행하고 있는 이른바 법정^{法定} 주당 근로시간을 보여준다. 대한민국은

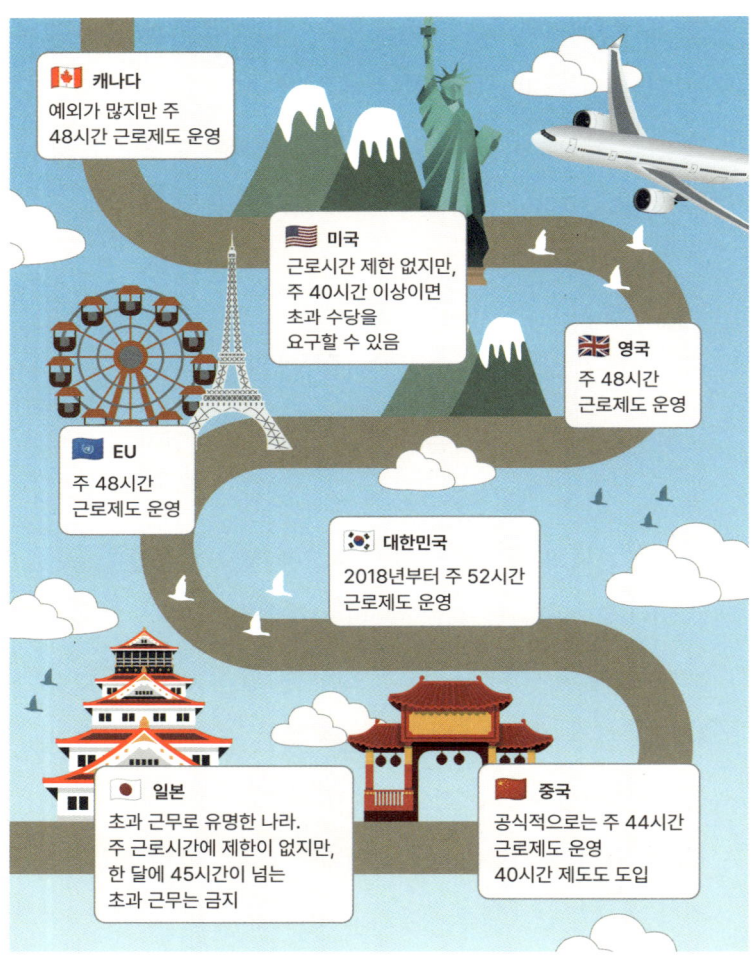

그림 9 – 세계 각국의 법정 근로시간

한때 세계에서 가장 평균 근로시간이 긴 나라였으며, 일부 직장에서는 일주일에 70~80시간도 마다 않고 일해야 했던 어려운 형편이었다. '압축성장'이라는 표현대로 선진국들이 200여 년 동안 성취한 경제발전을 단시간에 이루기 위해서는 불가피했지만, 그러나 일부에서는 노동자를 착취한 측면도 있음은 부정할 수 없다. 2004년 주 5일 근로제가 도입되면서 큰 변화가 있었는데, 법정 근로시간이 주 40시간으로 제한되며 근로시간은 꾸준히 줄어들어 현재는 OECD 국가 평균에 가까워졌다. 2018년부터는 주 52시간 근로제(기본 40시간 + 연장근로 12시간)가 법적으로 강제되고 있다.

AI와 자동화로 인해 앞으로는 일주일에 3~4일만 일해도 되는 세상이 올지 모른다. 사실 주 3~4일 근로제는 업무 효율을 높이기 위한 실험적 대안으로 일부 기업에서 시행하고 있는데, 아직 그 성과는 미지수다. 이 전환의 가장 큰 문제는 임금으로, 만약 근무일 감소와 함께 임금도 줄어든다면 이는 누구도 원치 않을 것이다. 반면, 근무일이 줄어도 동일한 임금을 지급하려면 이는 특히 중소기업이나 자영업자에겐 큰 부담이다. 여하튼 근로시간이 줄어드는 것은 피할 수 없는 미래 방향이다. 이는 어쩌면 하나의 직업을 다른 사람과 나누는 일과 맞닿아 있으므로, 여기에 맞게끔 우리가 지닌 근로와 직업에 대한 가치관도 바뀌어야 할 것이다.

주 3~4일 근로제를 성공적으로 도입하기 위해서는 다양한 제도적 지원과 준비가 필요할 것이다. 기업은 디지털 도구와 자동화를 통해 업무 효율성을 높이고, 정부는 법적 제도를 정비하며 경제적 부작용을 최소화할 방안을 마련해야 한다. 주 3~4일제는 근로자의 삶의 질을 높이고 지속 가능한 근로 환경을 마련할 수 있는 가능성을 제공하지만, 도입 초기에는 경제적, 사회적 도전 과제를 해결해야 할 필요가 있다. 다양한 이해관계자들이 참여하여 장기적 효과와 단기적 문제를 균형 있게 고려하는 접근이 요구된다.

AI는 현재의 직업들에 어떤 영향을 미칠까?

AI 태풍에도 끄떡없을 단순 노무직과 고도의 전문직

최근 가속되고 있는 AI의 발전과 여기에 연계된 기계 지능화 및 자동화로 현재의 일부 직업은 소멸할 가능성이 커졌고, 이에 대한 우려도 많은 것이 사실이다. 특히 반복적이고 규칙적인 작업은 AI와 자동화에 의해 빠르게 대체되고 있다. 몇 가지 예를 들어 보면 다음과 같다. 우선은 데이터의 입력, 관리, 그리고 자료 처리 업무는 AI의 정밀한 알고리즘과 자동화 소프트웨어가 더 빠르고 정확하게 수행할 수 있을 것이다. 그리고 인터넷 판매 등의 서비스 업무도 AI 챗봇으로 일부 대체될 가능성이 크다. 이미 AI 챗봇은 고객의 질문에 효과적으로 응대하고 있다.

과거에 비해 많이 사라진 은행 창구 직원이나 단순 회계 업무를 수행하는 직업군들은 아예 자취를 감출 것이다. 모바일 혹은 인터넷 뱅킹 등이 발전하면서 이미 은행 대면창구 업무는 크게 감소했다. 그리고 자동차나 전자기기 등 제조업의 생산라인에서 반복적인 작업을 수행하는 직종은 로봇과 자동화 기계가 대신하게 될 것이다. 특히 조립, 포장, 검사 등의 업무는 이미 많은 대기업에서 로봇이 맡고 있다. 아울러 자율주행 차량은 당연히 택시 기사, 트럭 운전사 그리고 배달원 등을 대폭 감소시키며 물류산업의 상당 부분을 무인화無人化시킬 것으로 보인다.

표 2는 2023년 미국 〈뉴욕타임스〉에 발표된 연구결과로, 현재의 직업군을 최종 학력별로 나누고 이들이 향후 AI에 의해 어떻게 변화될 것인가를 정리한 것이다. 이에 따르면 가장 영향을 덜 받는 직업군은 익히 짐작할 수 있는 바와 같이 단순 노동직이다. 고등학교를 마치지 않은 사람들이 수행하는 직업, 즉 청소, 세탁 등의 업무는 AI가 발전해도 겨우 6% 정도 영향을 받을 것으로 추정되었다. 이 비율은 학력이 높아질수록, 즉 블루칼라에서 화이트칼라로 옮겨 갈수록 높아진다. AI가 인간의 두뇌 작업을 대신한다는 측면에서 당연한 것이다.

가장 눈길이 가는 부문은 현재 대학 졸업자들로 이루어진 직업군이다. 현재 대한민국 사회에는 약 1만 2천 가지 직업이 있는 것으로 알려져 있는데, 그중 약 8천 가지 정도의 직업이 대졸자의 것으로 짐작된다. 이 가운데

현재의 직업	AI가 크게 영향 줄 분율(%)
고졸 이하의 직업군 (세탁직, 판매직 등)	6%
고졸자의 직업군 (경비원, 운전원 등)	17%
2년제 전문대 졸업자의 직업군 (전기수리원, 의료보조인 등)	38%
4년제 대학 졸업자의 직업군 (간호사, 엔지니어 등)	75%
대학원 졸업자의 직업군 (의사, 약사, 변호사 등)	64%

표 2 – 가까운 미래에 AI에 의해 크게 영향받을 직업의 분율. 직업 자체의 성격이 많이 바뀌거나 혹은 소멸될 수 있다는 의미다. (《연합뉴스》, 2023.8.24.)

75%, 즉 6천 가지의 직업이 AI에 의해 크게 영향을 받거나, 심지어 아예 없어질 수도 있다는 것이다. 아울러 현재 대학원 졸업 이상의 학력을 가진 사람들로 이루어진 전문성 높은 직업, 즉 변호사, 의사 등도 세 개 중 두 개는 크게 영향받을 것으로 보인다. 결국 현재의 일자리 중 고도의 전문직과 비교적 단순한 업무를 제외한 중간 직업군은 빠르게 사라질 수 있음을 의미한다.

그러면 AI에 의해 직업이 사라지거나 혹은 그 직업의 성격이 바뀌는 현실에 개인과 사회는 어떻게 대응해야 하나? AI와 자동화는 누구에게나 어려운 도전이기에, 현재의 직업인들은 이를 이용할 수 있는 능력을 보강하는 것이 필수적이라 믿어진다. 정부와 기업은 직무 전환을 돕기 위한 교육 프로그램을 마련할 필요가 있으며, 개인 역시 평생학습을 통해 변화에 유연하게 대처할 수 있어야 한다. 특히 데이터 분석, AI 활용법, 디지털 마케팅과 같은 디지털 기술 교육이 중요하게 여겨진다.

AI는 반복적이고 정형화된 작업에 강점을 갖는다. 반면에 창의력, 비판적 사고, 문제해결 능력, 감성 등이 요구되는 일은 여전히 인간만의 영역이다. 이런 소프트 스킬로 가치를 창출할 수 있는 인재는 더욱 중요해질 것이다. 여기에는 창의성이 가치를 지니는 예술, 디자인, 전략적 기획 등의 분야가 포함된다. 그리고 AI는 인간의 경쟁 상대가 아닌 협력자이므로 이를 활용해 업무 효율을 높이고 생산성을 개선하는 방법을 터득해야 한다. 예를 들어, 고객 서비스에 있어 챗봇을 통해 AI와 상호 보완하는 직무 역량이 필요하다. 가까운 미래에 데이터 과학자, AI 엔지니어, 디지털 헬스케어 전문가, 그리고 환경기술 전문가 같은 직업군은 특히 유망한 분야다. 이런 분야를 미리 탐색하고 적합한 기술과 자격을 갖추는 것도 중요하다.

고객과의 소통, 팀 내 협업, 상담 등 사람 간의 정서적 상호작용이 중요한 업무도 AI가 대체하기 어려운 분야다. 이에 따라 감성지능^{EQ}과 대인관계 능력을 개발하는 것이 미래 직업 안정성에 기여할 것이다. 의료, 교육, 상담과 같은 직종에서는 대인관계가 특히 중요한 능력으로 꼽힌다. 틀림없이 AI와 자동화는 많은 직업을 변화시키지만, 새로운 기회도 함께 제공하고 있다. 개인과 사회가 이를 준비하고 적응하려는 노력이 중요하며, 새로운 상황에 능동적으로 대응할 수 있는 준비가 필요하다. 끊임없이 변화하는 AI시대에 지속적인 학습과 능력 개발을 통해 경쟁력을 갖추고, AI와 협력하는 방법을 익히는 것이 바람직하다.

그런데 AI의 발전은 표 2에서 보는 것처럼 의사, 약사 그리고 변호사 같은 전문 직업군에도 큰 영향을 미칠 것으로 예상된다. 이 분야의 업무는 모두 방대한 데이터를 학습한 후 이를 기반으로 의사결정을 내리는 일로, AI가 훨씬 빼어난 능력을 발휘할 수 있는 영역이다. 현재 우리 사회에서 많은 학생들이 최고로 여기는 두 직업이 의료인과 법조인인 듯싶다. AI가 발전하면 의료와 법률 분야가 어떻게 변화할지 간략히 살펴보자. AI가 이 분야에서 인간 전문가를 완전히 대체할 수는 없지만, 그 업무 수행 방식에는 적잖은 변화가 있을 것으로 예상된다.

AI가 의료 분야에 미칠 영향

AI는 의료 분야의 전통적 직업 관행에 큰 영향을 미칠 것이다. 한의사와 치과의사를 포함한 대한민국 전체 의사 수는 약 16만 명 정도로, 인구 대비 의사 수는 OECD 국가 평균에 비해 적은 편에 속한다. 그리고 병원은 큰 규모의 종합병원과 작은 규모의 개인병원으로 나뉘는데, 현재 개인병원은 약 3만 5천 곳 이상이 운영되는 것으로 알려져 있다. 모든 병원과 의사는 AI시대를 맞아 준비가 필요하다. 지금과 똑같은 방식으로 운영한다면 가까운 미래에는 경쟁력이 없어질 수 있다. 물론 AI가 의사를 대체하는 것은 있을 수 없는 일이다. 그보다는 AI를 잘 활용하는 의사가 전통적이고 변화하지 않은 의사를 대체할 것이다.

규제가 심한 분야에서는 혁신이 더디게 도입되지만 의료 분야는 상대적으로 빠른 속도로 AI를 도입하고 있으며, 이미 그 효과를 보고 있다. 운영 간소화, 진단 그리고 치료에 이르기까지, AI는 현대 의료에서 필수적인 요소로 빠르게 자리 잡고 있다. AI는 진단 정확도를 향상시킬 뿐만 아니라 치료 계획을 최적화하고, 운영 비용을 절감하며, 환자와의 더 나은 상호작용을 돕고 있다. 의사의 진단은 데이터와 환자 증상에 대한 주관적인 해석이며, 이는 당연히 의사마다 다를 수 있다. 하지만 AI를 사용하면 보다 객관적인 진단을 내릴 수 있다. AI 시스템은 놀라운 속도와 정확성으로 의료 이미지를 분석하여 의사가 더 나은 정보에 기반한 진단을 내릴 수 있도록 도와준다.

대량의 데이터를 빠르게 살피고 건강 패턴에서 벗어난 값을 찾아내는 AI의 능력은 이미 많이 사용되고 있다. 예를 들어, AI는 망막 스캔을 높은 정확도로 분석하여 수많은 안과 질환을 쉽게 판별한다. 실제로 당뇨병성망막증이나 고령에 기인한 황반변성과 같은 복잡한 눈 질환을 식별하는 데 있어, AI는 이미 세계 최고의 의사들 못지않게 정확한 진단을 내린다는 것이 입증되고 있다. 이런 AI 시스템을 활용하는 의사는 경험이 없는 젊은이라도 세계 최고 수준으로 쉽게 오를 수 있는 것이다.

또한 AI 시스템은 환자 데이터, 임상시험 데이터, 최신 발표된 의학 연구 및 문헌 등 방대한 양의 데이터를 빠르게 처리함으로써 의사가 고도로 개인화된 치료를 제공할 수 있도록 도울 것이다. 예측 분석은 의료 분야에 큰 영향을 미치고 있는 AI의 또 다른 능력이다. AI 시스템은 과거와 현재의 환자 데이터를 분석하여 개인의 질병 및 합병증 발생 가능성을 높은 정확도로 예측할 수 있다. 이를 통해 의사와 환자 모두 상태가 심각해지기 전에 예방 조치를 취할 수 있을 것이다.

AI와 사물 인터넷(IoT)을 활용한 원격진료가 보편화되면 의료 접근성은 현격히 개선될 것이다. 원격진료는 특히 코로나-19 팬데믹 이후 미국, 일본, 중국 등 주요 국가에서 크게 발전하였다. 이들 국가에서는 이미 원격진료가 전체 진료 건수의 상당 부분을 차지하며, 캐나다에서는 전체 초진의 약 74%가 원격으로 이루어진 시점도 있었다. 원격진료는 시간과 비용 절감, 의료 접근성 강화, 그리고 치료 품질 향상에 기여한다는 평가를 받고 있다. 특히 의료 인프라가 부족한 지역에서 의료 불평등 해소에 효과적인데, 우리의 경우는 이러한 원격진료가 법적 제약으로 인해 대단히 제한적인 것이 아쉬운 현실이다. 다른 국가의 사례를 참고하여 국민 편익과 의료 안정성을 동시에 확보하면 좋겠다.

AI는 의료 분야의 직업 환경을 크게 변화시키며 일부 직업을 축소시키겠지만, 새로운 직업군도 등장할 것이다. 이러한 변화에 대비하기 위해 의료인들은 AI 도구 활용 능력을 갖추고, 새로운 기술과 협력하는 방법을 배워야 할 것이다. 의사는 AI와 협력하여 더 정교한 의사결정을 내리는 'AI 전문가 의사'로 변신해야 한다. 이는 의사가 AI 전문가가 되어야 하는 이야기가 아니다. AI를 옆에 두고 항시 도움을 받는, 즉 AI를 잘 활용하는 의사가 되어야 한다는 뜻이다.

법률 분야의 미래와 AI

2023년 6월, 미국에서는 한 변호사가 챗GPT의 도움으로 작성한 변론 요지서를 법원에 제출하여 문제가 된 사건이 있었다. 변론 요지서란 소송 의뢰인을 위해 변호사가 과거 판례에 기반하여 사안을 설명하면서 승소를 위한 법률적 근거를 제시하는 문서다. 제출된 요지서는 언뜻 보기에 탄탄하게 구성되어 있었지만, 기술^{記述}된 판례 중 6건은 전적으로 AI가 만들어 낸 허구의 사례였다. 법원은 해당 변호사에 대해 물론 징계 절차를 밟았지만, 이 사건은 변호사의 AI 활용과 여기에 요구되는 윤리적 책임을 보여 주는 사례로 주목받았다.

이처럼 챗GPT가 존재하지 않는 정보나 근거 없는 사실을 만들어 내는 현상을 환각^{hallucination}이라 부르는데, 이는 AI가 학습한 데이터에 포함되지 않은 정보에 대해 빈틈을 메우려다 결국은 엉터리 답변을 생성하기 때문이다. 이처럼 다음 단어를 확률적으로 예측하는 방식으로 작동하는 AI는 일관성을 유지하지 못하거나 혹은 비논리적이며 허구적인 내용을 만들어 낼 수 있다. 이 문제는 사용자의 피드백을 바탕으로 다시 정확한 응답을 생성하도록 학습시키는 방식$^{Reinforcement\ Learning\ with\ Human\ Feedback,\ RLHF}$ 등으로 최근 많이 해결되었지만, 어떤 경우에도 생성된 정보의 정확성을 확인하는 일은 사용자 스스로의 책임이다.

신뢰성 높은 AI를 구현하기 위한 연구는 계속되고 있

다. 특히 의료, 법률, 금융 등 민감한 분야에서는 잘못된 정보가 사회적으로 혼란을 초래하거나 개인 및 단체에 큰 피해를 줄 수 있다. 이를 방지하기 위해 특별히 해당 분야에 대해 전문성을 지닌 이른바 도메인 특화 AI 모델, 즉 ANI^{Artificial Narrow Intelligence}도 개발되고 있다. 여하튼 환각 문제는 AI의 발전과 함께 반드시 해결해야 할 핵심 과제 중 하나다.

앞서 언급한 해프닝에도 불구하고 AI는 이미 변호사와 의뢰인 모두에게 큰 도움을 주고 있다. 방대한 문서와 판례를 빠짐없이 훑는 AI는 변호사의 업무에 필수 불가결하다. 일반 기업과 마찬가지로 법률회사, 즉 로펌^{Law Firm}에서 AI는 생산성 향상, 의사결정 개선, 업계 경쟁력 강화를 위한 절대적인 도구다. AI로 많은 시간과 노력이 소요되는 일상적인 작업을 자동화하면 핵심 비즈니스 기능에 집중하면서 고객과 더 많은 시간을 보낼 수 있을 것은 당연하다. 특정 사례 찾기, 계약서 검색, 소송문서 작성과 같은 수작업은 모두 AI가 훨씬 빠르게 수행할 수 있으며, 이를 통하면 인적 오류의 가능성도 크게 줄어들 것이다.

법률 지원을 받는 것은 종종 비용이 많이 드는 일이다.

AI는 이 문제를 해결하고 고객이 법률 서비스에 더 쉽게 접근할 수 있도록 도와줄 것이다. 변호사가 AI를 이용해 시간을 절약한다면, 이는 결국 고객의 비용 절감이다. 예를 들어, 변호사 개인의 힘으로는 24시간 이상 소요될 조사 업무도 AI를 활용하면 2~3분이면 끝낼 수 있다. 시간을 절약한 변호사는 고객이 겪고 있는 일을 진정으로 이해하는 데 더 치중할 수 있을 것이다. 그리고 AI는 일반적인 법률 질문에 대해서는 신속하고 유용한 답변을 줄 수 있으므로 고객의 입장에서는 상당한 편익이다.

물론 법률 분야에서 AI를 사용하는 것에 대한 우려도 있다. AI가 인간에 대한 정보를 수집한 후 이를 악용한다는 내용의 영화도 나온 적이 있는데, 실제로 AI는 자동화된 의사결정을 위해 개인정보를 잘못 사용할 수 있다. AI가 어떤 용도로 데이터를 사용할지 그리고 어떻게 학습할지 정확하게 예측하는 것은 불가능하기 때문에 사전에 데이터를 관리하고 보호하는 것은 중요한 이슈다.

기본적으로 컴퓨터는 도덕적, 윤리적 관점이나 신념을 가지고 있지 않다. 그러나 AI가 처리하는 데이터에는 성별 또는 인종적 편견이 포함될 수 있으며, 시스템은 이러

그림 10 – 최근에는 점점 더 많은 법률가들이 AI를 업무에 활용하면서, 훨씬 더 빠른 속도로 업무를 처리하고 복잡한 일을 단순화시키고 있다.

한 편견을 학습하고 지속시킬 수 있다. 민감한 고객 데이터를 보호해야 하므로 사용되는 모든 AI는 견고한 보안 조치로 뒷받침되어야 한다. AI는 데이터에 크게 의존하기 때문에 이러한 시스템과 공유되는 내용을 신중하게 관리하여 무단 액세스 또는 잠재적인 오용을 방지하는 것이 중요하다.

결론적으로 AI는 이미 법정에서 아주 중요한 보조 역할을 하고 있다. AI는 빛의 속도로 문서를 분석하고 소송 결과를 예측하며, 로펌이 종이 문서에서 해방될 수 있는 본격적인 혁명을 일으키고 있다. 수백 건의 소송을 수행한 경험이 있는 숙련 변호사이든, 혹은 막 로펌에 입사한 신참 변호사이든 이제는 AI의 무한한 가능성을 받아들여야 할 때다. 그러나 인간 전문가로서의 법률가 역할은 여전할 것이다. 다만, 의사의 경우와 마찬가지로 AI와 협력하여 전략적이고 창의적인 방향으로 일하는 변호사에 의해 전통적인 변호사는 대체될 것이다.

Chapter 5

인류의 지속가능성

기나긴 인류 역사를 통하여 오늘의 우리는 가장 안락한 삶을 누리고 있지만, 역설적으로는 가장 위태로운 시간을 보내고 있는 듯싶다. 인류가 발전시킨 문명의 반대급부로 자연환경은 많이 파괴되었다. 이미 수천 종의 동식물이 지구상에서 사라졌다. 대책 없이 이대로 문명 발전을 계속하면 결국 인류도 사라지는 순간을 맞이할지 모른다. 어떻게 하면 지속가능성 sustainability 을 높일 수 있을까?

이 상태가 계속되면 인류의 삶터인 지구 자체가 위험해진다는 사실은 세계적으로 공통된 위기의식이며, 이를 벗어나기 위한 국제협약도 이미 맺어진 바 있다. 2015년 9월 UN 총회에서 채택된 UN 지속가능발전목표 Sustainable Development Goals, SDGs 는 2030년까지 전 세계가 달성해야 할 17개의 목표와 169개의 세부 목표로 구성되어 있다. 이는 모든 국가와 사람들이 환경, 경제 그리고 사회와 균형을 이루며 지속가능한 발전을 추구하기 위한 비전이다. 기후변화 억제, 일자리를 만드는 경제성장 등 포괄적인 목표이지만, 개인적으로는 환경보호나 에너지 절감 등을 위한 작은 행동을 실천해야 하는 일이다.

이 목표를 달성하기 위해서는 누구나 짐작할 수 있듯 국제적 협력이 필수인데, 그런 측면에서 미래는 전혀 낙관적이지 않다. 2025년 1월에 두 번째로 취임한 미국 대통령 트럼프는 '미국우선주의 America First'를 강조하면서 국제 협력보다는 국내 이익을 우선시하고 있기 때문이다. 트럼프는 첫 번째 대통령 재임 시절인 2017년에도 이미 미국이 부담을 과도하게 짊어지는 것을 이유로 파리기후협정에서 탈퇴한 바 있다. 우리는 이 어려운 문제에 어떻게 대응해야 할까? 지속가능성 문제를 간과하지 않고 그 심각성에 뜻을 함께하는 것이 가장 우선해야 할 일이라 믿어진다.

기후위기

뜨거워지고 있는 지구

지금부터 250여 년 전, 인류의 삶이 혁명적으로 변화하기 시작했다. 증기기관 발명이 촉발한 산업혁명 때문이다. 그 이후 인류는 엄청난 양의 화석연료를 소비해 왔으며, 이에 따라 발생한 이산화탄소CO_2 같은 온실가스 때문에 이제는 몸살을 앓고 있다. 과다한 흡연이 사람의 건강을 해치는 것과 마찬가지다. 현재의 미열을 치료하지 못하고 고열에 이르면 사람과 마찬가지로 심각한 지경에 빠질 것이다. 기후변화는 젊은이들의 삶을 줄곧 관통할 문제이며 인류의 지속가능성을 위협하는 가장 심각한 이슈다.

지구가 한 알의 사과 크기라면 대기층의 두께는 사과 껍질 정도인데, 그 속의 미량微量의 온실가스는 지구에서 우주로 나가는 복사열을 잡아 두는 특별한 역할을 한다. 온실가스가 전혀 없다면 지구 대부분은 생물이 살기 어려운 얼음 세계가 될 것이다. 반대로 대기층에 온실가스만 있다면 지구 평균온도는 섭씨 450도 정도일 것으로 추정된다. 결국 온실가스는 그 양이 조금만 변해도 지구에 큰 영향을 주는데, 대기층 중의 CO_2 양은 1900년까지 적어도 수천 년간은 280ppm, 즉 0.028% 정도에 머물렀다. 그러나 그 후 계속 증가해서 2000년에는 370ppm이 되었고, 현재는 430ppm에 이르렀다.

이로 인해 지구 기온은 1980년대 이후 빠르게 올라가고 있는데, 우리나라에서도 사과 주산지였던 대구에서 이제는 열대작물인 망고와 바나나가 열리고 있다. 이런 일만이라면 시베리아가 곡창지대로 바뀌는 긍정적인 측면을 떠올릴 수도 있지만, 더 큰 문제는 안정적이던 지구 순환 시스템이 기온 상승으로 파괴되면서 상상할 수 없는 재앙이 닥치고 있다는 점이다. 실제로 최근 세계 각지에서는 커다란 산불이나 홍수 그리고 지진 같은 천재지변이 부쩍 잦아졌다. 이런 이유로 이제는 기후변화를 기후위기라 부르는 것이 타당하다.

그림 11은 미국 항공우주국 NASA이 발표한 지구 표면의 평균온도를 1951년부터 1980년까지 30년간의 평균온도와 매년 비교한 것이다. 이는 다른 여러 기관에서 제시한 분석들과 일치하며, 이로부터 지구는 지난 반세기 동안

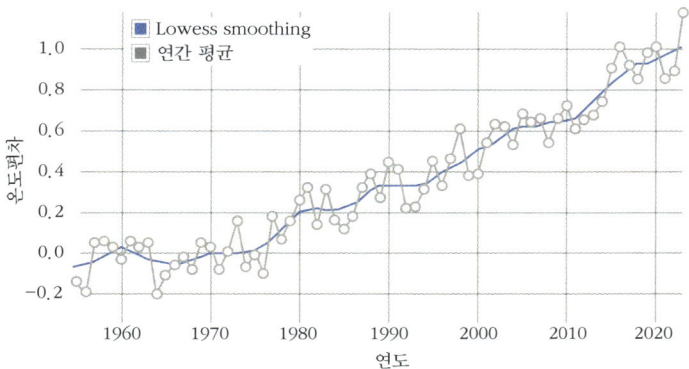

그림 11 - 1951~1980년까지 30년간의 평균온도와 대비했을 때 지구 표면이 매해 얼마나 더워지고 있는지 보여주고 있다.

끊임없이 더워졌음을 알 수 있다. 전반적으로 지구는 19세기 후반 1850~1900년의 평균온도보다 섭씨 1.4도 정도 더 뜨거워졌다. 그리고 최근 10년은 기록상 가장 더운 해가 연속되고 있다. 기온 상승을 1.5도에서 멈추지 않으면 재앙이 올 것이라는 예측이 많지만, 현재의 추세로는 오히려 더 가속될 듯싶다.

기후위기, 그리고 바다의 변화

지구 표면의 72%는 바다가 차지한다. 그런 측면에서 우리는 '지구地球'라 부르지만, 더 정확한 이름은 '해구海球'일 것이다. 육지를 모두 바다에 넣는다면 지구 전체는 평균 수심 2,500미터의 바다로 변한다. 그만큼 지구에는 엄청난 양의 바닷물이 있으며, 인류를 포함한 모든 생명의 기원은 바다에 있다. 기후위기로 인해 예상되는 큰 재앙 중의 하나는 이렇게 모든 생명의 원천인 바다가 변하면서 생기는 일이다.

바닷물에는 CO_2가 녹아 있는데, 그 양은 대기 중에 있는 것보다 약 50배 정도 많은 것으로 알려져 있다. 그런데 바닷물 속의 CO_2 함량은 온도에 따라 크게 변하는데, 이는 맥주를 생각하면 쉽게 이해할 수 있다. 맥주는 발효 중에 발생한 CO_2를 과량 함유한 채 병에 갇혀 있다가, 뚜껑을 여는 순간 CO_2 가스가 갑자기 튀어나오면서 거품을 만든다. 그리고 미지근해지면 CO_2가 많이 빠져나와 '김빠진 맥주'가 되고 만다. 맥주 속의 CO_2 함량은 온도가 높을수록 감소하며, 이는 바닷물의 경우도 마찬가지다. 즉, 지구가 더워지면 바닷물에 녹아 있던 CO_2가 대기층으로 빠져나오고, 이는 다시 온실가스로 작용해 지구 온도를 높이게 된다. 이처럼 특정 현상이나 반응이 시작되어 산물이 생성되면, 그에 의해 오히려 반응이 더욱 촉진되는 경우를 기상학에선 양성陽性 되먹임 효과Positive Feedback Effect라고 부른다.

그러나 현재의 바다는 온도 상승으로 인해 대기로 내보내는 CO_2보다 훨씬 더 많은 양을 오히려 흡수해 주고 있다. 이는 다행스러운 측면이라 할 수 있지만, 그러나 이로 인해 바닷물 자체의 산성酸性도가 높아지고 있다는 점은 사실 더 심각한 재앙이다. 산성화된 바닷물에서는 궁극적으로 석회석이 녹아 버리는데, 문제는 모든 조개류의 껍데기가 다름 아닌 석회석으로 이루어져 있다는 사실이다. 즉, 온도 상승으로 인한 산성화로 조개껍질이 녹거나 혹은 그 생성이 어렵게 되는 것이다. 결국 바다달팽이 같은 아주 작은 생물은 지금 같이 산성화가 계속되면 머지않아 멸종되고 말 것이다. 바다달팽이는 수많은 바다생물의 먹이사슬에서 가장 아래쪽에 있는 소중한 존재다. 바닷물 산성화는 이렇게 생태계의 근본적 변화를 초래하고 있다.

1917년(위)과 2005년(아래)의 알래스카 페데르센 지역. 빙하는 사라지고 초원이 되었다.

또 다른 심각한 문제는 해수면 상승이다. 기온이 오르면 바닷물 전체 부피가 늘어나고, 게다가 빙하氷河와 만년설萬年雪이 녹으면서 엄청난 양의 물이 바다로 흘러들어 가므로 해수면이 높아지는 것은 필연이다. 왼쪽 사진은 100년이 채 안 되는 시간 동안 변화한 알래스카 지역 모습을 보여주는데, 그 많던 빙하는 모두 어디로 갔을까? 이렇게 얼음이 녹아 지표면이 드러나면 백색에 반사되던 햇빛이 대부분 흡수되기에 기온은 더욱 빨리 상승한다. 또 다른 양성 되먹임 효과다. 해수면은 지난 20세기에 이미 15센티미터 정도 상승했는데, 온실가스 배출을 당장 급격히 줄이더라도 금세기 중 0.5미터 더 상승할 수 있고, 그렇지 않은 경우에는 상승 폭이 2미터를 초과할 것이라는 심각한 예측도 있다.

현재와 같은 추세라면 세계의 많은 해안도시들은 가까운 미래에 침수 위험에 처할 것이다. 뉴욕이나 상하이 등이 베네치아 같은 물의 도시로 변할지도 모른다. 당연히 우리가 살고 있는 한반도, 즉 해안선이 길고 저지대가 많은 대한민국도 문제다. 지금처럼 계속 더워지면 인천이나 부산 등 대도시에서는 해수면 상승으로 적어도 몇십만 명의 거주지가 바닷물에 잠길 수 있다. 그리고 21세기 말에는 완전 내륙인 충북 등을 제외한 우리 영토의 상당 지역이 침수 피해를 볼 것이라는 믿고 싶지 않은 시뮬레이션 연구 보고도 있다. 우리가 철저히 대비해야 할 어두운 미래 전망이다.

기후위기와 개인, 그리고 사회

기후변화는 우리 건강에도 여러 가지 영향을 미치고 있다. 특히 여름철 온도가 상승하면 체온이 지나치게 올라가는 열사병熱射病과 심혈관 질환의 위험이 높아진다. 열사병은 고열, 어지럼증, 두통 등의 증상을 동반하며, 심하면 의식불명이나 사망에도 이르는 무서운 병이다. 더운 날씨는 심장에 부담을 주므로 노약자나 심장병 환자들에게는 더 큰 위험이다.

전염병의 확산 가능성도 높아질 것이다. 온도 상승으로 모기의 서식지가 넓어지면 이들이 매개하는 말라리아와 뎅기열은 새로운 지역으로 확산될 수 있다. 한반도 같은 지역에서는 이러한 질병에 대한 면역이 없기 때문에 특히 더 큰 피해가 예상된다. 꽃가루와 같은 알레르기 유발 물질로 인한 질환 발생도 늘어날 것이다. 그리고 기후변화로 유발되는 홍수, 가뭄, 그리고 태풍 같은 자연재해로 깨끗한 식수가 부족해지면 콜레라와 같은 수인성水因性 질병이 발생할 수 있다. 또한, 자연재해로 집을 잃거나 재산을 잃은 사람들은 우울증, 불안장애 등 정신건강 문제로 고통받을 수 있다.

기후위기로 인한 온갖 피해는 주로 경제적 취약 계층에게 집중될 것이기에 사회불평등은 더욱 심화될 수밖에 없다. 예를 들어 해수면 상승으로 인해 침수되는 지역에 사는 경제적 약자들은 다른 곳으로 이주하기가 힘들 것이다. 그리고 이런 불평등 문제는 국제적으로도 마찬가지다. 개발도상국은 도시 상하수도 시설 등 인프라가 열악하기에 기후변화로 인한 피해가 가중될 수밖에 없다. 선진국들이 자국의 산업을 발전시키면서 배출한 온실가스 때문에 후진국들이 더 큰 피해를 당하는 것은 아이러니다. 부익부 빈익빈은 한 사회를 넘어 국가 간에도 마찬가지다.

기후위기를 극복하기 위해서는 녹색경제로의 전환이

필요하다. 이는 환경을 고려한 지속가능한 경제 모델로, 기후문제를 해결하는 동시에 경제 성장을 도모하는 길이다. 이를 위해서는 재생가능 에너지, 친환경 기술, 지속가능한 농업 등을 적극적으로 도입하고 지원해야 한다. 그리고 긴요한 것은 국제 협력이다. 기후위기는 온 인류의 문제이기 때문에 개별 국가의 노력만으로는 극복하기 어렵다. 국제사회가 공동의 목표를 설정하고 이를 달성하기 위해 협력해야 한다. 2015년 반기문 전 유엔 사무총장이 주도한 파리협정은 각국의 탄소 배출을 줄이기 위한 국제협약으로, 기후변화 문제 해결을 위한 중요한 이정표 중 하나로 평가되고 있다.

파리협정 이후, 세계 각국은 국제적 합의에 따라 온실가스 배출량 감축에 나섰다. 우리나라는 2018년에 연간 약 7억 톤의 온실가스를 배출했는데, 이를 2030년까지 약 3억 톤 정도 감축하겠다고 2021년에 국제사회에 약속한 바 있다. 일본은 2022년에 약 11억 톤 배출한 온실가스를 2030년까지 약 3억 톤 감축한다고 발표했다. 감축 목표를 비교하면 우리는 목표 달성에 큰 어려움이 있을 것으로 예상된다. 산업 현실을 도외시한 무모한 정책 결정이었다는 비판도 있지만, 국제사회와의 약속인 만큼 목표를 이루기 위해 모두가 진력해야 함은 너무 당연하다. 국민 1인당 온실가스 배출량을 고려하면 대한민국은 이미 미국과 캐나다를 잇는 세계 3위 국가다.

기후위기는 직면한 현실의 문제다. 지속가능한 미래를 위해서는 우리 모두가 기후위기에 대한 경각심을 가지고 이를 해결하기 위한 노력을 함께 해야 한다. 국가적으로는 재생가능 에너지를 확대하며, 환경친화적인 정책을 추진해야 한다. 예를 들어, 전기차 보급을 늘리고 태양광 및 풍력 에너지를 활용하는 등의 방법이 있다. 탈원전 정책으로 주저앉았던 원자력산업을 다시 살리는 일은 필수불가결하다. 또한, 개인 차원에서도 에너지 절약, 재활용, 친환경 제품 사용 등 작은 실천을 통해 기후변화에 대응할 수 있다. 이는 인류가 건강하고 안전한 환경에서 계속 살아갈 수 있는 유일한 길이다.

인류 스스로 만든 재앙, 핵무기

오펜하이머와 맨해튼 프로젝트

전쟁이 끊임없었던 인류사에서 가장 참혹했던 날은 1945년 8월 6일이다. 이날 아침 일본 히로시마에 투하된 원자폭탄은 세상을 바꾸었다. 폭탄이 떨어진 곳을 중심으로 반경 1킬로미터 이내의 모든 것은 흔적도 없이 사라졌다. 2킬로미터 이내는 모두가 잿더미로 변했다. 3킬로미터 이내는 모든 것이 휩쓸려 날아갔다. 폭탄이 터진 바로 그 순간에 이미 7만여 명이 목숨을 잃었다. 당시 B-29 폭격기에서 원자탄을 떨어뜨리고 폭발을 목격한 부조종사의 외침은 녹음으로 남았다. "오, 하느님. 도대체 우리가 무슨 짓을 한 것인가요?"

이로써 일본은 항복을 선언했으며, 한반도에서는 우리 민족 모두가 갈망하던 광복을 맞았다. 그런 측면에서 원폭 개발을 위한 맨해튼 프로젝트의 책임자 로버트 오펜하이머 J. Robert Oppenheimer는 어쩌면 우리나라 독립에 가장 직접적으로 기여한 인물이다. 오펜하이머는 광범위한 자연현상을 수학적 모델 등으로 정확하게 이해하려는 이론물리학의 천재로, 이미 20대에 능력을 널리 인정받았다. 아인슈타인 등에 의해 20세기 초반에 꽃을 피우기 시작한 양자역학, 입자물리학 등이 여기에 속한다.

만약 인류가 모든 지식이 사라지는 순간을 맞는다면 후세를 위해 꼭 남겨야 할 단 한 구절의 지식은 무엇일까? 이에 대해 맨해튼 프로젝트에 대학원생으로 참여했고 훗날 노벨상을 수상한 이론물리학자 파인먼 Richard P. Feynman 은 "세상의 모든 물질은 아주 작은 원자의 집합체라는 사실"이라고 이야기했다. 우라늄 같은 무거운 원자는 그 핵이 분열되는 과정에서 큰 에너지가 나온다는 것도 당시 이 분야 학자들의 두뇌 속에서 치밀하게 정리된 이론이었다.

이런 이론을 바탕으로 3년여의 짧은 기간에 원폭이라는 대단한 실물實物을 구현한 사실은 참으로 놀라운 일인데, 이렇게 위대한 발명이 폭탄으로 처음 사용된 것은 대단히 아쉬운 일이다. 그러나 치열한 전쟁이 계기가 돼 뛰어난 발명이 이루어진 예는 너무 많으며, 실제로 청동기 인류문명을 철기로 한 단계 끌어올린 것도 전쟁이었다.

쇠붙이로 제일 먼저 만든 것이 창과 방패라고 이를 멀리하는 것은 우둔한 일이다. 쇠붙이로는 호미와 쟁기도 만들 수 있다. 2차 세계대전이 끝나자 원자력은 곧 전기 생산으로 이어졌고, 오늘 대한민국이 쓰고 있는 전기의 4분의 1 이상이 원자력 덕분이다. 오펜하이머는 결국 우리들의 편리하고 윤택한 삶에도 크게 기여한 인물이다.

과학자들의 인간적 고뇌

원폭이 히로시마에 떨어지기 꼭 6년 전인 1939년 8월 2일, 아인슈타인은 당시의 미국 대통령 루스벨트에게 편지를 보낸다. 우라늄의 연쇄반응을 이용하면 막대한 에너지를 얻을 수 있으며, 이를 폭탄으로 만들면 도시 하나 정도는 단숨에 날려버릴 수 있으니, 나치 독일이 이를 준비하기 전에 미국 정부가 빠른 대처를 해야 할 것이라는 내용이었다. 루스벨트 대통령은 2차 세계대전 중 이를 수용하여 국가 차원에서 원폭 개발에 나서는데, 이것이 잘 알려진 맨해튼 프로젝트다. 다음 쪽의 사진은 이렇게 세계사를 바꾼 편지인데, 아인슈타인은 훗날 자신의 행동을 상아인슈타인이 1939년 여름 루스벨트 대통령에게 보낸 편지.

당히 후회한다고 이야기했다.

그러면 2차 세계대전의 또 다른 당사자인 독일은 원폭 개발에 어떤 자세였을까? 만약 히틀러도 루스벨트처럼 원폭에 대한 연구를 지원했다면 이를 먼저 소유한 나라는 과연 어디였을까? 원폭에 대한 히틀러의 의견은 당시 독일 각료회의록에 남아 있다. 원폭 개발을 주장한 사람은 통신부 장관이었는데, 이에 대해 히틀러는 "눈앞의 전쟁에 골머리를 썩이고 있는데, 어째서 당신은 원폭 개발 같은 시간 걸리는 일을 자꾸 거론하는가?"라며 연구 제안을 묵살했다. 그리고 독일의 과학자들은 나치에 대한 협력을 거부했다. "히틀러를 위한 원폭보다는 차라리 자살하는 편이 낫다." 저명한 핵화학자 오토 한 Otto Hahn 교수의 말이다. 그는 우라늄의 핵분열을 가장 먼저 알아낸 사람이다.

1945년 7월 16일 새벽, 뉴멕시코주 인근 공군 기지에서 최초의 원폭 실험 '트리니티 Trinity 실험'이 성공적으로 이루어졌다. 1만 미터가 넘게 올라가는 버섯 형태의 불꽃을 보면서 이 프로젝트에 참가한 모든 이들은 기쁨보다 오히려 그 위력에 착잡한 마음이 되었다. 오펜하이머는 그날의 기분을 "나는 스스로 죽음의 신이 되는 것 같았다"라고 표현했다. 최종시험의 현장책임자는 좀더 직접적으로 "우리는 이제 모두 개만도 못한 놈들이 되었다"라고 말했다. 그들의 인간적 고뇌가 느껴진다.

사실 맨해튼 프로젝트에 참가했던 많은 과학기술자들은 원폭이 완성되기 전에 전쟁이 끝나기를 간절히 기도했고, 실제로 독일은 1945년 5월에 이미 항복했다. 시험 폭발을 본 과학기술자들은 원폭을 무인도에 떨구어 그 파괴력을 일본에 시위하는 것으로 그치자고 제안했으나, 이는 군 당국에 의해 거부되었다. 인류가 창안한 가장 위대한 발명 중의 하나가 이렇게 인간을 대량살상하기 위해 사용된 것은 참으로 서글픈 일이다. 그리고 이로 인해 원자력은 아직도 공포와 기피의 대상으로 남아 있다.

전쟁이 끝나자 원자력의 평화적 이용을 고려하게 되었고, 이는 곧 원자력을 이용한 전기 생산, 즉 발전發電으로 이어졌다. 대한민국은 원자력 기술 강국으로, 2024년 여름에는 체코가 24조 원을 투입하는 원자력발전소 건설을 프랑스 등 여러 경쟁국을 물리치고 수주했다. 원자력 기술은 이미 우리 생활 속에 깊이 들어와 있는, 어쩌면 우리가 매일 타는 자동차처럼 잘 확립된 기술이다. 원자력발전은 기후변화를 유발하는 화석연료를 탈피할 수 있는 가장 경제적인 길이기에 미래 인류의 삶에 크게 공헌할 것이다. 물론 방사성폐기물 등의 문제가 남아 있지만, 시간을 두고 연구하면 이러한 문제점도 보완할 수 있을 것이다.

그러나 히로시마 이후 각국이 군사적 목적으로 개발한 원자폭탄은 인류의 지속가능성을 위협하는 가장 절박한 문제다. 미국, 러시아, 영국, 중국, 그리고 프랑스 5개국 외에 이미 인도, 파키스탄, 이스라엘이 원폭을 보유하고 있는 것으로 알려져 있으며, 북한도 이제는 여기에 합

류했다. 2023년 10월 미국 핵군축연구소가 발표한 자료에 의하면, 북한은 원폭을 이미 50여 기 보유하고 있으며, 매년 4~12개의 핵탄두 생산 능력을 갖춘 것으로 추정된다. 정확한 숫자는 물론 알려져 있지 않지만 세계가 지니고 있는 핵폭탄의 숫자는 1만 개를 넘을 것인데, 문제는 이 중 단 하나만 폭발해도 인류는 파멸의 길로 들어설 수 있다는 사실이다.

지난 2008년에 과학자들은 인도와 파키스탄 간의 전쟁을 시뮬레이션한 바 있다. 히로시마급 핵폭탄 100개를 주고받는 경우로, 당연히 상대방에게 큰 타격을 입히기 위해 인구 밀집 도시지역을 폭격한다고 가정했다. 그 결과는 화염과 방사능으로 2천만 명의 순간 희생자가 발생하는 것이었다. 그리고 대기를 뒤덮는 검은 재로 지구는 냉각되어 전 세계 농업은 거의 궤멸되고, 그 후유증으로 약 10억 명의 인구가 전쟁 후 몇 달 안에 기근 등으로 희생될 것이라는 예측이었다. 그런데 이 시뮬레이션에서 가정한 핵폭탄 100개를 모두 합한 위력은 현재 미국이나 러시아가 지니고 있는 수많은 핵폭탄 중 단 한 개에도 못 미친다. 핵폭탄은 이렇게 지구를 통째로 날려 버릴 수 있는 엄청난 존재다.

그런데 한반도에서의 6·25전쟁 이후 70여 년간, 인류 사회에서 전쟁이라는 국가 간의 본격적 폭력행위는 어쩌면 소강상태에 접어들었다. 전쟁은 핵核의 주변부를 맴돌며 대부분 게릴라전 같은 양상을 보였다. 그동안 한 해 평균 150만 명 정도가 이런 전쟁으로 목숨을 잃었다. 이도 물론 엄청난 숫자이지만, 2차 세계대전 중이었던 1943년에는 한 해 동안의 희생자가 1,500만 명에 달했다. 큰 병이 돌고 나면 많은 사람은 백신으로 면역력을 지니면서 희생을 모면하게 되는데, 아마도 핵폭탄에 대한 두려움이 전쟁을 예방하는 백신 역할을 하는 듯싶다. 세계 모든 핵보유 국가들도 핵무력의 선제적 사용은 극히 제한적인 고려 사항이었다.

그러나 북한은 2022년 9월에 전쟁 주도권 장악을 위해서는 핵무기를 사용할 수 있다며 필요한 경우 "선제 사용 원칙"을 법제화했다. 러시아-우크라이나 전쟁에서도 푸틴은 전술핵 사용을 검토하겠다는 위협을 계속하고 있다. 즉, 그간의 핵무기는 오히려 전쟁 억제용이었고 실제 사용을 언급하는 것 자체가 금기였지만, 이제는 그 전략이 바뀌어 가는 것이다. 코로나 같은 바이러스가 높은 파도라면 핵폭탄은 쓰나미다. 바이러스를 물리치기 위해 합심해 노력한 것처럼 핵 문제도 전 인류가 관심을 갖고 심도 있게 대처해야 한다. 특히 한반도의 안전을 직접 위협하는 북한의 핵폭탄에 대해서는 확실한 해결책을 찾아야 한다.

도시의 팽창과 환경오염

끊임없이 계속되고 있는 도시화

인류는 도시로 이주하고 있다. 도시에 거주하는 인구 비율은 산업화와 함께 급격히 증가했는데, 현재 세계에서는 인구의 약 56%가 도시에 거주하고 있다. 유엔은 2050년까지 전 세계 인구의 70%가량이 도시에 거주할 것으로 예측하고 있다. 도시화는 더 많은 건축물, 도로, 공장과 같은 인프라의 개발을 의미하며, 결국 공기와 수질 그리고 토양이 오염되어 자연 생태계는 파괴되고 생물다양성에도 부정적 영향을 주고 있다. 도시화는 지속가능성을 저해하는 가장 중요한 요인 중의 하나다.

인류가 처음 집단을 이루어 모여 살기 시작한 것은 신석기시대다. 비교적 여러 명이 농업과 목축의 잉여생산품을 서로 교환하고 아이디어를 공유하면서 삶의 질은 크게 좋아졌다. 집단의 규모가 커질수록 장점은 늘어나지만 식수 확보 등 어려움 때문에 이 시대 한 마을 인구는 최대 150명 정도였던 것으로 추정된다. 이런 삶의 흔적은 오늘까지 남아 있는데, 실제로 현대의 개개인도 친밀감을 느끼며 소통할 수 있는 사람은 150명 이내라고 한다. 많은 나라에서 군대의 기본조직이 150명인 것도 이 때문이며, 더 나아가 이 정도의 구성원이 이루는 기업이 가장 효율적이라는 주장도 있다.

더 큰 집단을 이루기 위해 인류는 맑은 물이 충분한 큰 강 주변에 도시를 세웠지만 그 발전은 강물의 흐름처럼 잔잔했다. 그러나 산업혁명과 더불어 도시는 크게 출렁거리기 시작했다. 기계의 등장으로 대량생산이 이뤄지면서 노동자들이 일자리를 찾아 도시로 몰려들었다. 이때 형성된 대규모 시장이 다시 사람들을 도시로 불러들였는

1920년대(위)와 오늘날(아래)의 서울 전경. 불과 한 세기 만에 몰라볼 만큼 크게 바뀐 모습이다.

데, 이 무렵의 가장 큰 문제는 다름 아닌 수인성水因性 전염병이었다. 1832년 당시 인구 20만 명이던 미국 뉴욕시에서는 콜레라로 주민 3,500명이 사망했다. 이런 일은 세계 도처에서 일어났다.

도시인의 삶에 절대적으로 필요한 맑은 물은 토목기술의 발전으로 상하수도가 설치되며 충족됐고, 이를 통해 수인성 전염병 문제도 근본적으로 해결됐다. 그리고 백신 등 의료기술에 힘입어 도시로의 인구 집중은 20세기 들어 가속되었다. 뉴욕시 인구는 1930년에 이미 700만 명에 달했다. 현재는 세계 인구의 절반을 넘는 45억 명 정도가 도시에 살고 있다. 앞쪽 사진에서와 같이 지난 세기 크게 변모한 서울처럼 인구 1천만 명에 이르는 초거대 도시도 30여 개에 이른다. 결국 지난 200여 년 동안 문명 발전은 도시의 생성과 팽창 과정이었다. 실제로 도시 발전과 경제 성장은 완벽한 상관관계에 있다. 예를 들어 중국에서는 2000년 1천 달러에도 못 미친 1인당 국민소득이 2019년 그 10배인 1만 달러를 넘어섰는데, 그 사이 인구 4억 명이 도시로 이주했다. 전 세계적으로는 앞으로도 2050년까지 25억 명의 인구가 도시로 삶의 터전을 옮기게 될 것인데, 이 가운데 인도에서 4억 2천만 명, 중국에서 2억 6천만 명이 도시로 이주할 것으로 예상된다.

그러나 이런 도시화를 통한 발전은 이미 체감하고 있는 위기인 기후변화만 고려하더라도 더 이상은 불가능한 일이다. 세계적으로 전체 온실가스의 70% 이상이 도시에서 발생하고 있는 상황에서 더 이상의 도시 팽창을 지구가 감당하긴 어려울 것이다. 최근 들어 미세먼지도 도시인의 삶을 크게 위협하고 있는데, 이에 더해 공기 중에 떠다니는 바이러스라는 대단히 심각한 문제가 추가됐다. 코로나-19로 우리는 이미 엄청난 역경을 경험했다. 산업문명의 상징인 인구가 밀집된 대도시는 이제 한계에 이른 것으로 믿어진다. 새로운 방향을 찾아 전환해야 할 시점이다.

대한민국은 이미 도시 거주 인구가 90%를 넘는 나라다. 그러나 서울로의 인구 이동은 끊임없이 계속되고 있다. 이는 우리의 미래를 가름할 중차대한 문제다. 인구가 몰리는 것은 일자리, 교육, 그리고 의료 등의 측면에서 서울에서의 삶이 다른 도시에서보다 더 많은 기회가 있기 때문인데, 이 문제를 주택 보유세율을 높이거나 임대차법을 개선하는 등의 각종 행정규제로 해결할 수 있을까? 그런 접근은 이미 수차례 경험한 바와 같이 상황을 더욱 악화시킬 뿐이다. 서울에 아파트를 더 많이 짓는다고 해결될 일도 아니다.

우리는 이미 산업문명시대를 벗어나 디지털문명시대로 들어섰다. 디지털 세상에서는 전국 어디서라도 동일한 삶을 살 수 있다. 소규모 지역도시는 서울보다 훨씬 바람직하고 안전한 삶의 공간이 될 수 있다. 이를 위해서 우선 코로나-19 기간에 활용한 원격교육을 훨씬 더 효과적으로 운영해야 한다. 이와 관련된 온갖 규제를 없애는 것부터 시작해 교육자들 모두가 지혜를 모아야 할 일이다. 그리고 우리 사회에서는 왜 다른 많은 나라에서 활발한 원격의료가 아직도 멀고 먼 꿈으로만 남아 있나? 아쉬운 일이다. 우리는 디지털시대에 걸맞은 삶의 방식을 구상하고 실천하기 위해 노력해야 한다.

플라스틱의 빛과 그림자

인류가 산업혁명 이후에 발전시킨 다양한 기술문명 중에서 석유화학 기술은 현대인의 의식주에 필요한 수많은 물건을 만드는 데 아주 소중하게 쓰이고 있다. 비료, 농약, 살충제 등은 물론 나일론, 폴리에스터 등의 합성섬유와 플라스틱에 이르기까지, 이들 모두는 석유를 원료로 만들어진다. 기술의 빛나는 성공이었지만 이제는 그 이면의 그림자도 짙어졌다. 여기에서는 간략하게 플라스틱이 만드는 문제를 생각해 보자. 이 역시 인류의 지속가능성을 가름할 중요한 이슈다.

다음 사진은 우리의 자랑인 울산 석유화학산업단지의 야경이다. 대한민국은 원유를 전량 해외에서 수입하지만, 이를 정제하여 석유 제품을 생산, 수출하는 관련 산업 강국이다. 세계적인 기술력으로 단순한 기초화학 제품에서 고부가가치의 정밀화학 제품까지 다양한 제품을 생산하고 있다. 2023년 통계에 의하면 우리나라의 원유 및 석유제품 수입액은 약 1,100억 달러(약 140조 원)이며 수출액은 약 500억 달러(약 65조 원)에 이른다.

대한민국의 자랑, 울산 석유화학산업단지의 야경.

석유화학산업은 다양한 환경오염을 야기하고 있지만, 여기에서는 일단 플라스틱 문제에 국한하기로 하자. 플라스틱은 석유와 천연가스에서 나프타 naphtha라는 원료를 추출한 후, 이를 중합 polymerization 하고 여기에 강도와 내구성을 높이는 첨가제를 혼합해 만들어진다. 플라스틱을 폴리머라고도 부르는 이유는 중합 공정 때문이다. 플라스틱은 우리가 일상에서 쓰는 각종 일회용 용기, 예를 들면 생수병이나 비닐봉투에서부터 자동차 범퍼에 이르기까지 나무, 유리 그리고 금속 등과 더불어 없어서는 안 될 중요 소재로 자리 잡았다.

이렇게 플라스틱은 그 내구성과 편리함 때문에 폭넓게 사용되고 있지만, 그로 인한 환경오염은 이제 심각한 수준에 이르렀다. 경제협력개발기구 OECD는 2060년 인류의 플라스틱 사용량이 12억 3천만 톤에 이를 것으로 전망했다. 1950년대 사용량 약 200만 톤이나 2021년 사용량 약 4억 톤과 비교하면 엄청나게 빠른 증가 속도다. 이는 아프리카 등 신흥 경제국에서 플라스틱 사용량이 급증하고 있기 때문이다. 그 결과 2040년까지 약 13억 톤의 플라스틱 쓰레기가 전 세계를 뒤덮을 것으로 전망된다. 대한민국에서 버려지는 플라스틱만도 한 해 1,200만 톤 정도로 알려져 있다.

플라스틱은 자연환경에서 수백 년 동안 분해되지 않기 때문에 토양과 수질 오염을 발생시키며, 특히 바다로 흘러간 플라스틱은 해양 생태계에 심각한 피해를 준다. 이미 바다에는 1억 5천만 톤 이상의 플라스틱 쓰레기가 떠다니는 것으로 추정된다. 실제로 태평양에는 다음 쪽의 사진과 같은 플라스틱 쓰레기 섬이 도처에 존재한다. 이로 인해 해양 생태계가 심각하게 파괴되고, 해양 동물들이 플라스틱을 먹이로 착각해 섭취하면서 고통받고 죽어가는 일이

태평양에 형성된 플라스틱 쓰레기 섬

발생하고 있다. 또한 큰 플라스틱 조각이 분해되면서 생기는 미세플라스틱은 크기가 작아 눈에 보이지 않지만 물과 토양을 통해 먹거리에 포함되면서, 인간을 포함한 모든 생명체에 상당히 유해한 영향을 미치고 있다.

이렇게 심각한 오염에도 불구하고 인류는 이미 플라스틱 없이는 살 수 없게 되었다. 플라스틱은 소재 경량화를 이끌어 자동차나 항공기의 연료 효율을 높이며, 따라서 탄소 배출량을 줄인다. 그리고 탁월한 단열 소재로서 건축물의 에너지 사용량을 줄인다. 플라스틱 문제를 해결하기 위해서는 그 사용을 줄이고, 재활용을 촉진하며, 생분해성 플라스틱을 개발하는 것이 중요하다. 이 역시 인류의 미래가 달려 있는 중요한 일이다. 플라스틱 사용을 줄이기 위한 법적 규제를 강화해야 하며, 이 문제에 대한 대중의 인식 제고와 환경 교육도 중요한 국가 정책이 되어야 한다. 각 개인의 작은 실천과 더불어 정부와 기업의 적극적인 참여가 필요하며, 당연히 국제적인 협력도 요구된다.

또 찾아올 팬데믹

우리 모두가 경험한 공포의 코로나-19

2020년 2월, 번지기 시작한 코로나-19로 우리 사회는 패닉, 즉 집단 공포에 빠져들었다. 〈동아일보〉 2020년 2월 21일 자 1면 헤드라인은 "코로나 국내 첫 사망 … 확진자 100명 넘었다"였고, 그다음 날은 "하루 103명 폭증 … 신천지 동선 따라 전국 확산"이었다. 그리고 2월 24일에

2020년 정초에 시작된 코로나-19 팬데믹으로 우리 사회는 공포에 빠져들었다. 이후 3년간 경제는 크게 위축되었고 교육을 포함한 모든 사회생활은 비대면으로 전환되었다. (《동아일보》, 2020.2.21.)

는 "위기경보 '심각' 격상 … 모든 학교 개학 연기"였다. 통상 3월 2일이던 개학을 일주일 미룬다고 정부가 발표한 것인데, 그 후에도 개학은 두 번이나 더 미뤄졌다. 그러나 결국 개학은 없었고 모든 학교가 폐쇄되면서 수업은 온라인으로 진행됐다.

코로나-19는 2019년 말 중국 우한에서 발생했는데, 2020년 3월 세계보건기구 WHO는 이에 대해 감염병 경보 단계 중 최고 등급에 해당하는 팬데믹 Pandemic 을 선언했다. 팬데믹은 전 세계 또는 매우 넓은 지역에서 감염병이 대유행한다는 경고로, 특히 높은 치사율을 보이는 경우에 내려진다.

인류 역사에서 가장 큰 피해를 가져온 팬데믹은 스페인 독감이다. 1918년부터 약 3년간 계속된 스페인 독감은 당시 세계 인구 19억 명 중에 약 5억 명이 감염되고 결국 약 5천만 명이 사망한 재난 중의 재난이었다. 그 무렵은 바이러스에 대한 과학적 지식 수준과 방역 및 질병관리 체계가 지금과는 비교도 할 수 없이 열악했고, 전반적인 공중위생 또한 형편없던 시기였다. 그러나 한낱 독감이 이렇게 엄청난 재앙이 된 또 다른 중요한 이유는 제1차 세계대전 와중에 있던 독일, 영국, 프랑스 그리고 미국 등이 자국 군인의 사기 저하를 방지하기 위해 현실을 제대로 공개하지 않았기 때문이다. 전쟁에 직접 나서지 않았던 스페인은 그와 다르게 이를 언론에 공개하면서 독감 퇴치에 가장 적극적으로 대처했는데, 그 바람에 이름이 남았다. 스페인은 사실 스페인 독감과 무관한 나라다.

우리 속담에 "재앙은 눈썹에서 떨어진다"고 했다. 피할 수 없이 다급하게 닥친다는 뜻인데, 인류사에 기록된 팬데믹은 그야말로 모두 느닷없는 것이었다. 14세기 중반 3년여 동안 유행한 페스트는 당시 유럽 인구의 3분의 1을 희생시켰다. 코로나-19도 2020년 정월에 그야말로 느닷없이 우리 사회에 확산되기 시작해 그 후 약 3년을 크게 괴롭혔지만, 과학기술이 이룬 빠른 백신 개발, 치료제 도입과 면역력 증가 등을 통해 점차 통제되었다. 2023년 5월, 세계보건기구WHO는 코로나-19 경보 단계를 엔데믹 Endemic으로 전환했는데, 이는 감염병이 완전히 사라진 것은 아니어도 통제 가능한 수준임을 의미한다. 이때까지 3년간, 전 세계적으로 약 7억 명이 코로나-19에 감염되고 700만 명 이상이 사망한 것으로 집계되었다.

모든 팬데믹은 인류사회를 크게 변화시켰다. 14세기, 페스트에 대처하는 과정에서 간절한 기도가 질병 예방과 치료에 아무 역할도 못 하면서 절대적이었던 교회 권위는 상처를 입었고, 이는 종교개혁과 르네상스를 촉발했다. 그리고 스페인 독감에 고통받던 참전국들은 제1차 세계대전 종전에 서둘러 합의했다. 전쟁에서 평화로의 시대 전환에 역설적으로 팬데믹이 기여한 셈이다.

코로나-19도 우리 삶을 바꾸었다. '사이 간間'이 함께한

2020학년도 대학수학능력시험일. 수험생들이 가림막 속에서 마스크를 쓰고 '코로나 수능'을 준비하고 있다. (사진: 〈연합뉴스〉)

것이 인간人間이다. 삶이란 결국 사람과 사람 사이라는 의미인데, 그 사이를 코로나-19가 단절시켰다. 서로 얼굴을 보고 이야기하는 인간사회에서 호흡기를 통한 질병 차단에는 비상 대책이 필요하다. 당시 수도권을 중심으로 확진자가 급증하면서 정부가 사회적 거리두기 단계를 강화하였고, 이에 따라 2021년 7월부터 4인 이상의 가족 모임도 금지되었다. 이는 코로나-19 확산을 방지하기 위한 강력한 방역 대책의 일환으로, 특히 실내외 밀접 접촉을 최소화하려는 목적이었다. 대한민국에서 가장 큰 모임은 아마도 50만 명 이상이 한날한시에 치르는 수능 시험일 것이다. 책상마다 칸막이를 치고 모두가 마스크를 쓴 상태에서 치러진 수능은 이제 역사의 한 장면이 되었다. 앞의 사진 속 수험생들은 하루 종일 얼마나 답답했을까?

팬데믹은 물리칠 수 있다!

사실 기나긴 인류 역사는 고난을 이겨내며 흘러왔다. 가장 두렵고 힘든 고난은 당연히 목숨을 위협받는 일이기에, 결국 질병과 싸우면서 이를 물리쳐 온 과정은 인류사의 큰 줄기인 셈이다. 그런데 자연 생태계에서는 어떤 종種의 동물이건 주어진 수명을 다하고 세상을 떠나는 경우는 매우 드물다. 천적天敵에게 먹잇감으로 희생당하거나 혹은 질병으로 중도에 생명을 마감하는 경우가 대부분이다.

사실 인간은 오랜 기간 먹이사슬의 맨 꼭대기에 있었기에 천적은 없었다. 그러한 인간의 삶에 있어 질병은 가장 큰 위협이 되어 왔다. 20세기 초, 즉 1900년에도 인류의 기대수명은 고작 30세였다. 100명의 아기가 태어나서 절반은 영아기에 사망하고 절반은 60세에 못 미쳐 세상을 떠났다는 의미이다. 얼마나 희귀했으면 나이 70을 '예로부터 드문 나이'라는 뜻의 고희古稀라고 불렀을까? 그러나 이제는 모두가 100세 시대를 이야기할 정도로 안전한 삶을 살게 되었다. 과학과 기술이 발전하면서 질병을 일으키는 원인과 그 매개체를 파악한 덕이다.

그럼에도 불구하고 아주 오래된 적군인 바이러스는 가끔 인류를 크게 위협한다. 조금은 새로운 형태여서 신종新種이라 부르지만 실은 이미 알고 있는 존재다. 2020년에 확산된 바이러스 코로나-19는 전자현미경으로 관찰한 결과 그 형태가 마치 개기월식의 경우처럼 주변이 밝게 보여서 코로나란 이름을 붙였는데, 이는 우리가 이겨냈던 SARS(중증급성호흡기증후군)나 MERS(중동호흡기증후군)와 크게 다르지 않다. 이들의 정체를 밝힌 과학의 힘을 빌려 합리적으로 대처함으로써 우리는 코로나-19를 물리쳤다.

1918년에 발생한 스페인 독감은 최대 5천만 명까지 추산되는 사망자를 낳은, 인류 역사상 가장 참혹한 재앙이었다. 반면에, 현재 세계 인구는 당시의 네 배가 넘는 80억 명이며 그 절반 이상이 도시에서 밀집해 거주하는 것을 고려하면, 코로나-19는 과거에 비해 훨씬 잘 제어된 셈이다. 크게 발전한 과학기술 덕에 바이러스의 정체와 감염 경로를 정확히 파악할 수 있었기 때문이다. 그리고 10여 년씩 걸리던 백신 개발도 지난 팬데믹 때는 1년 만에 완료하고 실용화까지 이루어졌다.

앞으로 변이 코로나도 있을 것이고, 지금은 정체도 모르는 새로운 바이러스나 세균이 미래에도 인류를 공격하겠지만, 어떤 팬데믹이 닥쳐도 우리는 결국 이를 극복할 것으로 믿어진다. 최근 들어 다른 어떤 분야보다도 빠르게 발전하고 있는 의생명과학은 안전한 인류의 삶에 더욱 큰 역할을 할 것이다.

Chapter 6

우리가 만드는 미래 - 한반도와 인류사회

한반도의 지정학적 형세는 우리 민족의 삶에 엄청난 영향을 미쳤다. 주변 강대국들에서 힘의 균형이 바뀔 때마다 우리는 참혹한 시련을 거쳤다. 일본은 16세기 통일을 이루면서 임진왜란壬辰倭亂을 일으켜 한반도를 짓밟았고, 중국은 명明이 쇠하고 청淸이 들어서면서 병자호란丙子胡亂을 일으켰다. 1894년의 청일전쟁도 한반도가 전장戰場이었으며, 민족상잔의 비극 6·25전쟁은 미국을 비롯한 민주 진영과 중국 및 러시아의 공산 진영이 이 땅에서 충돌한 사건이다. 다시는 되풀이되지 말아야 할 민족의 아픔이다. 이제 21세기에는 한반도에 사는 우리 스스로가 세계 인류사회를 이끄는 주역이 되어야 한다. 역사의 반복을 멈추어야 한다.

한반도의 뼈 아픈 근대사

임진왜란

 지금 우리는 남북한으로 나뉘어 살고 있다. 전 세계에서 유일한 분단국으로, 참혹했던 6·25전쟁을 아직 끝내지 못하고 단지 휴전 상태에서 지내고 있는 불안한 처지다. 초超불안 상태라는 것이 더 적확할 것이다. 실제로 핵무기를 지닌 북한의 위협은 우리 민족 전체의 존망에 연결되는 중차대한 문제다. 북한은 주민들을 굶기면서도 미사일과 핵무기에 막대한 재정을 퍼붓는 비이성적인 절대 독재자가 지배하고 있다. 그가 핵무기를 쏘아 올린다면 미국이나 일본으로 갈까, 아니면 대한민국 영토를 향할까?

 한반도 분단은 사실 임진왜란 때 그 뿌리가 내렸다. 16세기 말이 되면서 당시로서는 세계에서 가장 강력한 군사력을 지녔던 왜倭는 조선에 정명가도征明假道, 즉 명나라를 정복하러 갈 테니 길을 내달라는 요구를 했고, 이는 당연히 조선이 받을 수 없는 것이었다. 결국 임진왜란은 조선을 침입한 왜와 이를 막겠다고 나선 명의 전쟁이었다. 그리고 궁극적으로는 왜와 명 두 나라의 조선반도 '나누어 먹기' 전쟁이었다. 왜는 조선의 남쪽 4도를 먹기 위해 진력했고, 명은 왜의 침략을 한강 이남에서 막아 북쪽 4도를 먹겠다는 욕심이었다.

당시의 조선은 율곡이 말한 대로 기국비기국其國非其國, 즉 나라가 나라가 아니었다. 실제로 우리의 군사력은 거의 전무했는데, 선조는 명과의 접경지인 평안도 의주로 도망간 조선군은 무엇 하고 있냐며 짜증만 냈다. 몇 안 되는 우리 군사들은 군량이 없어 굶주려 힘이 없고 지쳐 있었다. 활과 몽둥이를 들고 왜군의 조총을 상대해야 하는 조선군은 도망만이 살길이었다. 애꿎은 희생은 오로지 민초들의 몫이었다.

왜군은 1592년 4월 14일에 부산에 상륙했다. 그리고 서울을 점령한 것은 5월 3일, 즉 나라의 수도가 점령되는 데 걸린 시간이 20일도 안 되었다. 부산에서 서울까지 당시의 도로 사정을 고려하면 그냥 걸어서 올라 오기에도 20일은 빠듯한 시간이다. 그리고 다시 개성을 거쳐 평양을 점령한 것이 6월 13일, 그렇게 조선의 3도都인 서울과 개성 그리고 평양이 두 달 만에 모두 함락되었다. 전투다운 전투는 어디에서도 없었다. 조선군은 전투할 의지도, 능력도 없었다. 왜군 입장에서는 나아가면 점령이었고, 주둔하면 지배 지역이었다. 그들의 자국 내 경험에 비추어 볼 때 이는 그야말로 전쟁놀이였다.

이런 상황에서 의주로 피란 간 선조가 할 수 있는 일은 무엇이었을까? 선조는 전쟁 초기부터 아예 명나라로 피신해 스스로의 안녕을 도모하고자 했는데, 이에 대해 당시의 병조판서 류성룡柳成龍은 "임금께서 한 발자국이라도 조선 땅을 떠나신다면, 그때부터 조선은 우리 소유가 아닙니다. 어찌 경솔히 나라를 버리시고 압록강을 건너려 하십니까"라며 단호히 반대했다. 실제로 선조가 명으로 피신했더라면 민심民心은 완전히 돌아섰을 것이고 조선은 무너졌을 것이다. 임진왜란의 성웅聖雄 이순신 장군도 똑같은 의견이었다. 《충무공행록忠武公行錄》에 남아 있는 장군의 이야기는 "설사 불행한 처지에 이르러도 임금과 신하들은 우리 땅에서 다 같이 함께 죽어야 한다"는 것이다.

잘 알려진 바와 같이 이순신은 류성룡이 발탁했다. 그것도 종6품 현감에서 정3품 전라좌수사로, 7단계나 뛰어

넘는 엄청난 승진 발탁이었다. 연세대 송복 명예교수가 2007년에 펴낸 《서애 류성룡 – 위대한 만남》이란 책의 내용을 잠시 인용하면 다음과 같다. "류성룡과 이순신, 이 두 사람의 만남은 우리 역사상 가장 위대한 만남이었다. 만일 이 만남이 없었다면 우리 역사는 어떻게 되었을까? 오늘의 우리는 어떤 우리로 존재하고 있을까? 아마도 '중국말 쓰는 우리' 혹은 '일본말 쓰는 우리'로 살고 있지 않을까?"

《난중일기亂中日記》는 이순신이 임진왜란 발발 이후부터 1598년 11월 전사戰死 때까지 거의 매일 틈나는 대로 기록한 일성록日省錄으로, 유네스코 세계기록유산으로 지정되어 있다. "상유십이척尙有十二隻 미신불사微臣不死"(아직 열두 척의 배가 남아 있고, 미천한 신臣도 죽지 않았습니다)라는 결기로 명량해전에서 300여 척이 넘는 왜 함대를 격파한 일은 하나의 신화다. 이순신의 수군이 없었다면 세계 역사는 지금과 많이 다를 것이다. 한편 《징비록懲毖錄》은 류성룡이 임진왜란이 끝나고 벼슬에서 물러나 낙향해 있을 때 집필한 눈물과 회한의 기록이다. 지난 일을 반성하고 앞으로의 일을 준비하자는 의미다.

전쟁기념관에 전시되어 있는 거북선 모형. 나라를 구해낸 이순신과 조선 수군의 승리는 세계 해전사에서 유례를 찾기 힘든 것이었다.

　1598년 11월 19일, 이순신은 그의 마지막 전투가 된 노량해전에서 적의 탄환을 맞고 숨을 거두었다. 그리고 같은 날, 류성룡은 서울에서 선조의 신임을 잃고 파직罷職되었다. 권력 다툼에서 "왜에게 한강 남쪽을 떼어주고 화친하려 했다"는 모함을 받은 것이다. 어린 시절 같은 동네에서 지낸 두 사람이다. 류성룡은 육지에서, 그리고 이순신은 바다에서 나라를 구했다. 참되고 역량 있는 두 사람의 지도자가 임진왜란을 이겨내며 우리 민족을 구했다. 참혹한 전란을 돌아보며 우리는 미래를 위해 과연 무엇을 가슴에 새겨야 할까?

병자호란

앞서 5장에서 다룬 바와 같이 요즈음의 인류는 점점 뜨거워지는 기후로 고통받고 있다. 이는 인류의 지속가능성을 크게 위협하는 일이지만, 지금부터 400여 년 전의 인류는 갑자기 찾아온 추위로 큰 고통을 겪었다. 17세기의 추위에 대해서는 아직 그 이유를 확실히 모르지만, 태양의 활동이 저조했거나, 거대한 운석이 추락했거나 혹은 화산 대폭발로 생긴 대량의 먼지가 태양을 가렸기 때문이라는 설명이 있다. 실제로 당시의 지구는 여름이 서늘하고 겨울은 매섭게 추운 날들의 연속이었다. 농업은 크게 타격받았고, 많은 이들이 굶주림에 시달렸다.

이러한 기후변화는 전쟁과 혁명, 특히 배고픔에 허덕이던 농민들의 반란으로 이어지며 인류사의 흐름을 바꾸었다. 유럽에서는 1618~1648년의 30년 전쟁과 청교도 혁명이 일어났으며, 동양에서는 바로 이 시기에 명나라가 청으로 교체되었다. 심각한 기근에 시달리던 농민들이 폭동을 일으켰고, 마침내 농민군이 베이징을 공략함으로써 명나라의 제17대이자 마지막 황제였던 숭정제崇禎帝는

1644년 3월에 목을 매고 자결했다.

명나라는 사실 임진왜란이 발발한 16세기 말 당시에 이미 크게 쇠퇴했다. 1368년에 주원장朱元璋이 명을 세우며 중국 대륙을 통일한 지 200여 년이 흐르면서 점차 국력이 약해져 간 것이다. 절대 권력을 지닌 황제가 나랏일을 등한시하며 사치에 빠졌고, 대신 권력은 부패한 관료들에게 넘어갔다. 게다가 임진왜란 참전으로 경제는 피폐해졌고 군사적 피로도 누적되었다. 이 무렵 여진족은 1616년에 만주 지역에서 후금後金을 건국하며 세력을 키우기 시작했고, 곧이어 1636년에 청나라로 국호를 바꾸며 명을 위협하는 강력한 국가가 되었다. 1644년 6월에 청의 제왕은 이미 몰락한 명의 수도 베이징을 점령하면서 중국의 공식적인 천자天子가 되었다.

후금은 누르하치가 지배자로 나서면서 16세기 말에 이르러 숙신, 말갈 등 주변을 평정하고 상당한 국력에 이르렀다. 누르하치가 명나라를 공격하자 명은 조선에 병력을 보내 달라고 요구했다. 반면 누르하치는 파병하지 말라고 강력히 경고했다. 당시 조선은 광해군의 시대였는데, 명의 파병 요구에 미적지근한 태도였지만 임진왜란

때의 도움을 모른 척할 수도 없었다. 광해군은 명에 지원군을 보내면서 싸움이 시작되면 항복하라 했다는 이야기도 있지만 이는 어디까지나 야사野史일 뿐이다. 여하튼 광해군은 이른바 줄타기 외교를 하고 있었다.

그러나 1623년 인조반정仁祖反正으로 광해군이 폐위되면서 조선의 대외정책은 급선회하였다. 실리보다는 명분을 중시하면서 광해군의 중립 대외정책을 버리고 기존의 친명배금親明排金 정책으로 돌아갔다. 예부터 내려오는 대로 명을 잘 모시고 받들자는 것이었다. 때마침 반란을 일으켰다가 후금으로 달아난 이괄李适의 잔당이 광해군은 부당하게 폐위되었다고 호소하자 이를 명분으로 후금은 1627년 군사 3만을 일으켜 조선을 공격해 왔는데, 이것이 정묘호란丁卯胡亂이다. 전쟁은 약 두 달 만에 강화조약으로 마무리되었는데, 이로 말미암아 조선은 후금과 '형제지맹兄弟之盟'을 맺었다. 그러나 명과의 관계에는 변함이 없었다.

병자호란은 1636년 12월부터 약 3개월간 조선과 청나라 사이에 벌어진, 짧지만 우리로서는 대단히 참혹했던 전쟁이다. 청나라는 친명 정책을 고수하는 조선을 확실

병자호란 후 청나라는 조선에 자신들의 공덕을 기리는 '대청황제공덕비(大淸皇帝功德碑)'를 세우도록 강압했다. 청 태종이 아량을 베풀어 큰 피해를 입히지 않고 조선을 살려주었다는 내용으로, 현재는 서울 송파구의 송파나루공원에 있다.

히 굴복시켜 명나라 공격 시 배후 안전을 확보할 목적이었다. 인조와 조정은 남한산성으로 피신했으나 청의 철저한 포위로 인한 굶주림과 추위 그리고 왕실이 피난한 강화도 함락 등으로 항복하였다. 인조는 삼전도三田渡에서 청 태종에게 세 번 절하고 아홉 번 머리를 조아려 청나라와 굴욕의 군신君臣 관계를 맺었다. 청군은 철수하면서 소현세자 등을 볼모로 잡아갔고 50여만에 이르는 민간인을 전리품으로 끌고 갔다. 그 후 조선은 청나라에 철저히 복속되었으며, 이러한 군신 관계는 1894년 청일전쟁 때까지 지속되었다. 치욕과 굴욕의 역사다. 그러기에 우리는 이를 더 철저히 기억해야 한다. 더 이상 침략을 당하지 않는 굳건한 나라를 만들어야 한다.

거듭되는 굴욕과 고통의 한반도 현대사

청일전쟁

19세기 말의 한반도는 우둔한 지도자들 탓에 아무런 희망도 없는 고난의 땅이었다. 1392년에 불교 국가였던 고려를 무너뜨리고 이성계가 개국한 조선의 정신적 근간은 성리학性理學이었다. 국왕 밑에 자리 잡은 양반들이 강력한 중앙집권으로 나라를 통치했다. 그리고 양반들은 성리학에서 제시하는 군자君子의 모습을 갖추고자 하였다. 군자 혹은 선비란 많은 지식을 갖고 있으면서도 겸손하고, 선한 행동에 힘쓰면서 게으르지 않은 사람을 뜻한다. 그러나 선비들은 무리를 지을 수 있다는 논리로 차츰 세력을 이루었다. 이렇게 형성된 사림士林은 그들 간의 투쟁으로 이른바 사화士禍를 여러 번 겪으면서도 끊임없이 세력을 키우는 일에 몰두했다. 밖의 세계에서 일고 있는 산업문명의 발전에는 대부분 관심이 없었다.

1861년 미국에서는 엔지니어를 기르는 MIT가 설립되었고, 일본 도쿄제국대학도 1886년 공학부를 설치했다. 그러나 당시 이 땅의 최고교육기관인 서원書院에서는 변함없이 젊은이들에게 성리학만을 가르치면서 선비를 양성하고 있었다. 바다 저쪽에서 젊은이가 현실을 다루는 엔지니어로 성장할 때, 우리의 젊은이들은 관념적 이상을 좇는 선비에 머물러 있었다. 모두가 선비를 지향하는 사농공상士農工商의 뿌리 깊은 차별적 가치관 때문에 우리는 결국 망국亡國의 서러움을 겪었다. 그리고 나라를 잃는 길에 들어선 우리가 처음 마주한 가시밭이 바로 청일전쟁이었다.

고종高宗은 1852년에 태어나 12세의 나이에 제26대 국왕으로 즉위해 1910년 조선의 멸망까지 46년간 나라를 이끌었다. 그러나 이 기간, 고종 본인과 그의 아버지인 흥선대원군興宣大院君 그리고 아내인 명성왕후明聖王后를 중심으로 하는 각 세력들의 갈등과 다툼 속에서 나라는 혼란 속으로 빠져들었다. 권력은 성리학의 질서를 수호하며 다른 사상을 배척하는 위정척사의 수구파와 근대적 사회 개혁을 추구하는 개화파 사이를 오갔다. 이 과정에서 가장 큰 문제는 이렇게 권력이 바뀔 때마다 수많은 인재가 죽음으로 몰렸다는 것이다. 조선 멸망의 근본적 원인은 여기에 있으며 그 책임은 모두 최고 권력자였던 고종의 몫이다. 조선은 실패한 국가로 전락했다.

청일전쟁 발발 계기는 1894년의 동학혁명이었다. 고혈膏血을 짜내는 세금과 학정虐政에 농민들은 집단행동에 나섰다. 그러나 낫과 곡괭이로 무장한 농민군조차 이겨 낼 실력이 없었던 조선은 종주국 청나라에 진압을 부탁했고, 이는 일본이 청과 전쟁을 일으킬 빌미를 제공했다. 청과 일본은 이미 한반도를 지배하기 위해 치열한 다툼을 하면서 한쪽이 조선에 군사를 출병하면 다른 국가에게 알려야 하는 조약을 맺고 있었다. 이 조약에 근거해 청이 조선에 군사를 보내자 일본은 물러서지 않았다. 조선과의 군신 관계를 유지하려는 청나라와 메이지유신 이후 한반도와 만주로 진출하기 위해 군사력을 키워 왔던 일본 간의 충돌은 필연적이었다. 그리고 그 충돌의 불꽃은 한반도에서 큰 불로 퍼졌다.

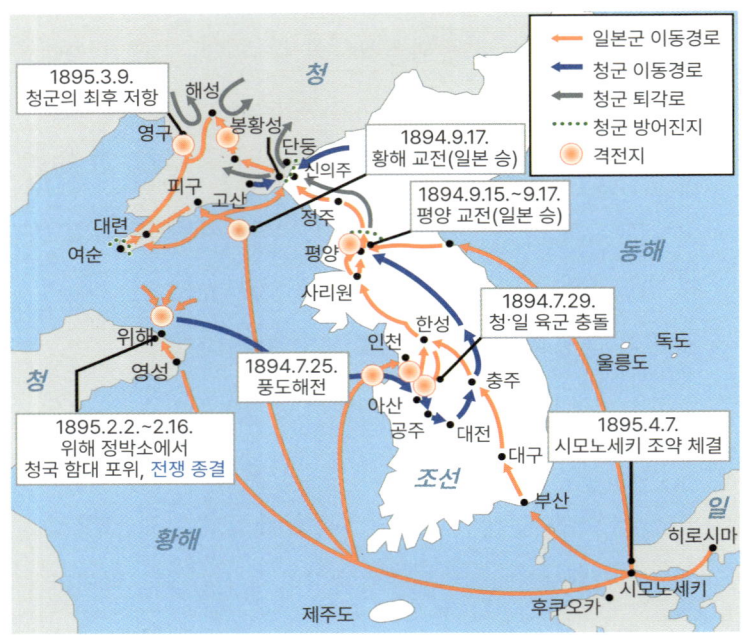

그림 12 – 조선에서 벌어진 청일전쟁 진행도

먼저 조선에 들어온 청나라 군대는 현재의 아산 부근인 풍도豊島에 자리 잡았는데, 그 규모는 5천여 명에 달했다. 이들을 위한 식량 등은 모두 현지 주민들이 책임져야 했고, 게다가 이들은 마을을 마구 돌아다니며 행패를 부렸다. 극심했을 민초들의 고생에 가슴이 저린다. 일본은 이곳을 선제공격한 후, 선전포고를 하면서 전쟁을 시작했다. 그리고 그림 12에 보인 바와 같이 이듬해 중국 본

토까지 공격한 일본의 일방적 승리로 전쟁은 끝났다. 청나라는 이미 19세기 중반의 아편전쟁에서 영국에 참패한 이후 스러져 가던 국가였다.

청일전쟁은 동북아시아 질서를 재편했다. 일본은 전쟁에서 승리한 후 1895년 4월 청과 시모노세키 조약을 맺었는데, 그 1조 내용은 "청은 조선이 완전한 독립국임을 인정한다"였다. 일본이 청과의 전쟁에서 승리하고 받아낸 항복 문서인데, 조선이 완전한 독립국이라니 얼마나 어이없는 일인가? 이는 조선이 이제는 청나라와 아무 관계가 없는 나라이기에 일본이 간섭해도 아무 말도 하지 말라는 이야기다. 조선은 이렇게 장기판의 졸병卒兵처럼 여기나 저기나 옮겨 놓을 수 있는 나라 아닌 나라였다. 실제로 일본은 이 전쟁을 통해 타이완도 중국에서 빼앗으며 제국주의 국가로 등장했다. 10년 뒤에는 일본이 러시아와의 전쟁에서도 승리하여, 조선은 1910년 경술국치(한일합방)로 주권을 상실하고 일본의 완전한 식민지가 되어 35년을 지냈다. 이렇게 주변 강대국들의 놀음에 희생당해야 했던 것이 우리의 한반도 역사다. 통탄스러운 일이다.

1895년 이후 조선은 병자호란 이래 지속된 청의 지배에서 벗어났지만, 이는 결국 늑대를 대신해 범을 마주하게 된 형국이었다. 여하튼 그간 조선은 청의 황제에게 허락받은 왕이 다스리는 변방 국가였는데, 이미 왕으로서의 권위마저 빼앗긴 1897년에 이르러 조선은 국호를 바꾸어 대한제국大韓帝國임을 선포하였다. 아마도 고종은 제국의 황제로 계급을 바꾸어 달기를 갈망했던 모양이다. 황제와 왕은 여러 가지가 달라서, 예를 들어 황제를 부를 때는 폐하陛下였고 왕을 부를 때는 전하殿下였다. 빈털터리가 된 집 주인이 옷만 갈아입은 꼴이다. 1910년에는 그 집마저 빼앗기고 조선은 멸망했다.

그 후 35년간 우리는 나라를 잃은 민족이었다. 고종은 폐위되었다가 1919년에 사망했다. 이를 계기로 3·1독립운동이 벌어졌고 4월에는 상하이임시정부가 수립되었다. 그리고 만주 지역에서는 독립군의 항일 무장투쟁이 끊임없이 이어졌지만 식민지 조선과 일본제국의 국력 격차는 넘을 수 없는 높은 벽이었다. 그 시대를 살았던 젊은이들의 마음에 드리운 짙고 짙은 그늘을 오늘의 우리로서는 상상하기조차 어렵다. 인간으로서 겪는 어려움 중에 민족이 다른 이유로 차별당하는 것보다 더 힘든 일이 있을

1936년 베를린올림픽 마라톤 시상식. 금메달은 손기정, 동메달은 남승룡 선수가 차지했다. 대한의 젊은이들이 일장기를 가슴에 달고 뛰어야 했던 민족의 뼈아픈 역사다.

까? 일본인이 조선인을 부르던 호칭인 '조센징'은 차별과 멸시의 용어였다.

 1936년 베를린올림픽 마라톤 경기에서 놀라운 성적을 거둔 24세 동갑내기 청년 손기정과 남승룡 선수의 모습은 나라 잃은 국민의 아픔이 무엇인지를 잘 보여준다. 손기정 선수는 금메달 수상자에게만 주는 월계수로 가슴의 일장기를 가렸다. 그리고 남승룡 선수는 동메달을 받았다. 손기정 선수는 당시 2시간 30분의 벽을 처음으로 무너뜨리면서 세계 신기록으로 우승했다. 떨 듯한 기쁨은

다 어디에 갔을까? 사진은 아마도 시상식에서 일장기 두 개가 함께 올라가는 순간인 듯, 두 선수 모두 무언가를 잘못한 사람처럼 고개 숙인 모습이다. 뒤에서 자국 국기를 당당히 바라보는 은메달리스트 영국 선수를 보면 가슴이 저려온다. 잘 아는 이야기지만, 당시 〈동아일보〉는 손기정 선수의 사진을 실으면서 그의 가슴에 새겨진 일장기를 지웠고, 그 일로 폐간의 아픔을 겪었다. 일제로부터의 해방은 1945년 8월 15일에 찾아왔다. 그해 8월 6일 일본 히로시마에는 원자폭탄이 떨어졌으며, 이로써 본토 결사항전을 외치던 일본은 항복을 선언했다. 그리고 한반도에서는 우리 민족 모두가 고대하던 광복을 맞았다. 원폭이 아니었다면 소설 《상록수》를 쓴 심훈沈熏 선생이 생전에 그토록 갈구했던 그날은 상당히 늦어졌을지도 모른다. "삼각산이 일어나 더덩실 춤이라도 추고 한강물이 뒤집혀 용솟음칠" 그런 날이다. "기뻐서 죽사오매 오히려 무슨 한이 남으오리까"라며 절절하게 기다리던 날이다. 그러나 한반도에는 또 다른 처절한 비극이 다가오고 있었다.

6·25전쟁

제2차 세계대전이 끝난 후 국제 질서는 다섯 개 승전국, 즉 미국, 영국, 프랑스, 소련 그리고 중화민국의 의지대로 재편되기 시작했다. 인류 평화와 안전을 위해 국제연합UN이 창설되었고, 다섯 개 승전국은 안전보장이사회 이사국으로 그 운영을 도맡았다. 역사를 만들고 또 바꾸기도 하는 것이 강대국들이다. 1945년의 우리는 아무런 힘도 없었다. 한반도의 남과 북을 38도선으로 나누겠다는 승전국들을 물리치고 우리가 통일된 국가를 이룰 수는 없었다. 38선 이북은 소련군이 그리고 이남은 미군이 점령했다. 잘 알다시피 독일도 동쪽은 소련이 그리고 서쪽은 미국과 영국, 프랑스가 점령했다.

결국 이승만은 민주주의를, 그리고 김일성은 공산주의를 국가 정체성으로 내세우며 1948년에 남북으로 나뉘어 독립했다. 민주주의와 공산주의가 바로 마주 보며 치열하게 대립하는 일촉즉발의 위험한 한반도가 되고 말았다. 결국 중국과 소련의 협조를 얻은 북의 김일성은 1950년 6월 25일 새벽 3시 30분 38도선 이남 대한민국으로 선전

포고도 없이 남침을 시도하며 6·25전쟁이 시작되었다. 이 전쟁은 공산주의와 민주주의의 이념 갈등이 전쟁으로 폭발한 대표적 사례로, 미국과 소련 및 중국은 물론 전 세계 많은 국가들이 관여한 제2차 세계대전 이후 최대의 전쟁이었다.

전쟁 초기의 북한 공산군 진격은 매우 빠르고 강력해서 6월 28일에는 벌써 서울이 점령되었다. 그 후에도 공산군은 파죽지세로 남쪽으로 진격하여 9월 초에는 이미 대구를 공격하고 있었다(그림 13). 불리한 전세를 바꾸기 위해 맥아더 장군이 이끄는 유엔군은 9월 15일 인천상륙작전을 감행했고, 9월 28일에는 서울을 다시 탈환하면서 공산군을 38선 위쪽으로 밀어냈다. 유엔군과 국군은 압록강 근처까지 북진했지만, 중국이 본격적으로 개입하면서 전황이 또 바뀌었다. 1951년 1월 4일에는 서울이 다시 적군의 손안에 들어갔고 이를 다시 탈환한 것은 3월 15일이었다.

당시 맥아더는 중국에 원자폭탄을 투하하여 중국을 궤멸시키는 작전을 구상했다. 그러나 확전을 우려한 트루먼 대통령에 의해 맥아더는 해임되어 미국으로 돌아갔다. 한편 6·25전쟁이 제3차 세계대전으로 확대되면 안 된다고

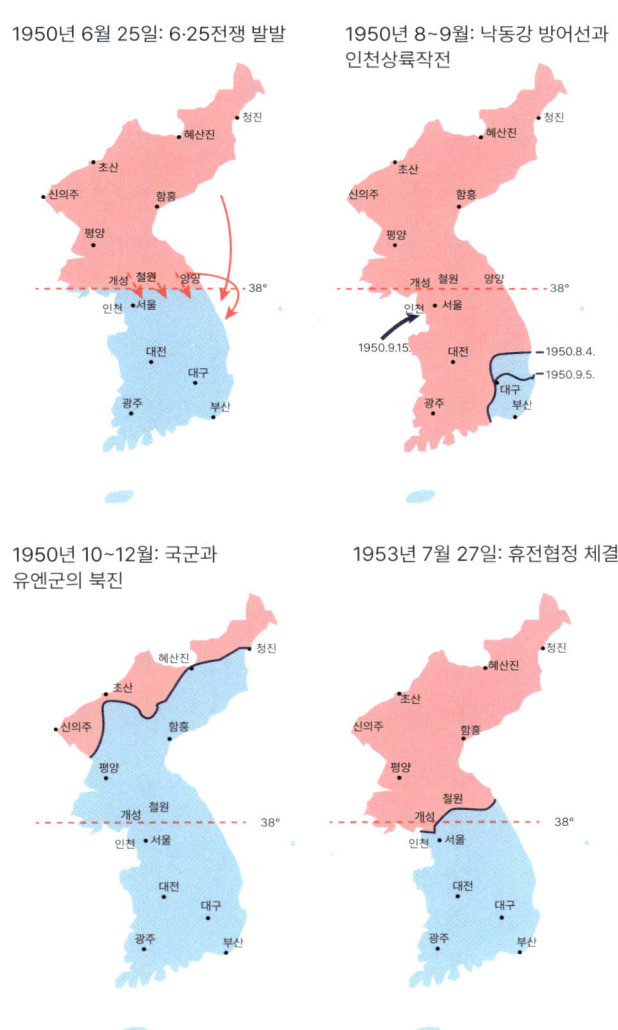

그림 13 – 3년 1개월간 계속된 6·25전쟁의 개황

봤던 사람은 트루먼뿐만이 아니었다. 스탈린 역시 확전을 우려했다. 당시는 제2차 세계대전이 종전한 지 5년도 채 되지 않았던 무렵이다. 공산 진영과 민주 진영 사이에 적당한 선, 즉 38선을 기준으로 남북으로 영토를 나누어 갖자는 공감대가 형성되었다.

  6·25전쟁 휴전은 1953년 7월 27일에 이루어졌다. 3년 1개월 동안의 치열한 전투 끝에 마침내 평화의 실마리를 찾은 것이다. 전쟁으로 약 13만 8천 명의 대한민국 군인, 약 3만 6천 명의 미군 그리고 약 4천 명의 기타 유엔군이 목숨을 잃었다. 무엇보다도 6·25전쟁은 250만 명이 넘는 소중한 목숨이 희생된 한반도 역사 최대의 비극이었다. 대한민국의 자유민주주의는 이렇게 수많은 고귀한 생명들의 희생으로 지켜졌다. 그러나 휴전은 일시적인 전투 중단일 뿐, 완전한 평화는 아니다. 오늘 남과 북 양쪽 국민들이 어떻게 살고 있는지를 직시하면, 우리가 또 다른 침략에 대비해 긴장 상태를 유지해야 하는 것은 너무 당연하다. 불편한 역사적 진실은, 오히려 전쟁을 철저히 대비하는 사회만이 평화를 누릴 수 있다는 것이다.

미래 — 무엇을 준비하고 어떻게 설계할 것인가?

역사를 잊은 민족에게 미래는 없다

"History repeats itself"는 서양의 속담 혹은 격언이다. "역사는 스스로 반복한다"는 이야기인데, 그렇다면 우리처럼 외적에 짓밟히며 전란戰亂 속에서 고통의 시간을 보낸 민족은 또 다른 고통을 맞을 수밖에 없다는 것일까? 전혀 그런 뜻은 아니다. 이는 오히려 뼈아픈 역사를 반복하지 않기 위해서는 철저히 노력해 미래를 준비해야 한다는 경고라고 생각하는 것이 마땅하다. 그런 측면에서 "History never repeats itself. Man always does", 즉 "역사가 반복되는 것이 아니라 사람이 이를 반복하는 것"이라는 말이 훨씬 더 가슴에 닿는다.

역사란 시간이 흐르면서 발생한 사건과 사고에 대한 지난날의 단순한 기록이 아니다. 역사에는 과거를 살았던 사람들의 행동과 선택이 담겨 있다. 그러기에 역사는 우리가 현재를 이해하고 미래를 대비하는 데 중요한 교훈을 제공한다. 우리가 이를 통해 스스로 깨치면 뼈아픈 역사를 피해 갈 수 있다. "역사가 반복되는 것이 아니라 사람이 이를 반복하는 것이다"는 우리의 한계와 가능성을 동시에 상기시키는 말이다.

실제로 역사는 단순한 반복이 아니다. 예를 들어, 임진왜란과 병자호란 두 차례의 침략은 모두 파괴적이고 끔찍한 전화戰禍였지만, 그 원인과 전개 과정은 다르다. 임진왜란은 16세기 말 통일을 이룬 일본이 복잡한 내부 갈등을 외부로 풀기 위한 침략이었고, 병자호란 역시 대륙을 지배하기 시작한 청나라가 힘으로 조선을 억누르기 위한 침략이었지만, 그 전개 과정과 결과는 사뭇 달랐다. 이처럼 역사는 특정한 시대적 맥락과 조건에 의해 형성되기에, 동일한 사건이 반복되는 일은 없다.

그러나 인간은 반복한다. 인간은 욕망, 두려움, 권력욕 등으로 인해 유사한 실수를 반복한다. 임진왜란이나 병자호란 모두, 우리가 좀더 한반도 밖의 세상 변화에 관심을 갖고 이에 미리 대비했다면 적어도 이로 인한 피해는 훨씬 더 줄일 수 있었다. 당시 지도층의 무사안일과 권력탐욕으로 인해 발생한 두 전란은 놀라운 유사성을 보인다.

청일전쟁과 6·25전쟁도 마찬가지다. 이들 전란으로 한반도는 엄청난 파괴와 민족적 참상을 겪었다. 역사의 교훈을 진지하게 받아들이지 않았기에 우리는 참혹한 전화를 계속 반복했다. 이러한 비극이 우리에게 일러주는 핵심 메시지는 이를 또다시 반복하지 않기 위해서는 치밀하게 준비해야 한다는 것이다.

역사는 우리에게 선택의 결과와 행동의 의미를 가르쳐 준다. 이 가르침을 통해 우리는 과거의 실수를 반복하지 않고, 더 나은 미래를 만들 수 있다. 단순히 역사를 배우는 데 그치지 않고, 배움을 통해 행동한다면 반복의 굴레를 벗어나 더 나은 세상을 만들 수 있다. 결국, 역사는 현재와 미래를 잇는 다리인 것이다. 국민 모두의 역사의식 제고, 그리고 미래를 책임지는 지도자 양성이 이러한 반복을 방지할 수 있는 중요 열쇠다.

우리의 미래설계 - 동서양 협력을!

우리 민족이 겪었던 고난인 임진왜란, 병자호란, 청일전쟁 그리고 6·25전쟁은 모두 한반도 주변 강대국들에 의

한 것이었다. 이들이 벌인 전쟁으로 한반도는 불바다가 되었으며, 이 땅에 사는 민초들은 처절한 고통을 겪었고 또 많은 목숨이 희생되었다. 이런 전란의 되풀이는 절대 막아야 한다. 그러나 최근의 국제 정세, 특히 미국과 중국의 갈등 상황을 지켜보면 우리는 심각한 우려를 지울 수 없다. 갈등으로 튀어 오르는 불꽃이 떨어져 크게 발화發火할 지역은 한반도일 확률이 가장 높다. 철저히 대비해야 할 일이다.

  미국과 중국 간의 갈등 원인은 정치, 경제, 안보, 그리고 이념적 차이 등 다방면에 있지만, 그 근본에는 동서양의 문화적 차이와 역사적 배경이 자리 잡고 있다. 미국은 개인주의와 자유민주주의를 핵심 가치로 삼는 나라다. '개인의 자유와 권리'를 중시하며, 정부의 역할은 이를 보호하는 데 있다. 경제적으로도 자유시장 원칙을 기반으로 경쟁을 중시하는 나라다. 반면, 중국은 유교적 전통에서 비롯된 집단주의와 조화, 그리고 권위주의적 구조를 중시한다. 그리고 개인보다는 공동체의 이익을 강조하며, 강력한 중앙정부가 안정과 질서를 유지하는 것을 중요하게 여기는 나라다.

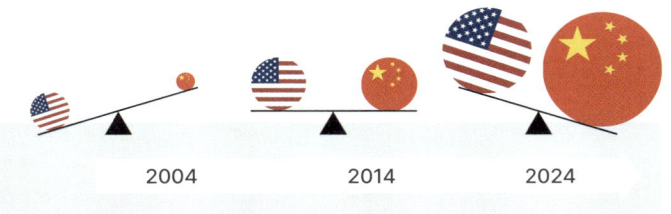

	2004	2014	2024 추산
중국	5,760	18,228	35,596
미국	12,275	17,393	25,093

GDP(PPP) – 10억 달러 기준

그림 14 – 미국과 중국의 경제력 변화

이러한 문화적, 역사적 차이에 더해서 중국은 21세기 들어 급속한 경제성장을 통해 세계경제의 중심지로 부상했다. 그림 14에서 보는 바와 같이 중국의 경제력은 2004년에는 미국의 절반도 안 되었지만 2014년부터는 이미 미국을 앞서고 있다. 물론 미국과 중국의 1인당 국민총소득은 2022년 기준으로 각각 65,103달러 그리고 11,489달러로 아직은 미국이 비교가 안 되게 높지만, 중국은 14억 명이 넘는 인구가 있다는 사실을 주목해야 한다.

그런데 중국의 국영기업과 정부 주도의 경제 운영 방식은 미국이 주도하는 자유시장 체제와 충돌하는 것이다.

게다가 기술 패권을 위한 반도체, 5G, AI 등에서의 치열한 경쟁으로 미국과 중국 간의 갈등은 더욱 심화되고 있다. 중국의 기술력은 이제 더 이상 미국의 우위를 허락하지 않고 있다. 미국은 군사 및 경제 모든 면에서 규칙 기반의 국제 질서를 강조하지만, 중국은 '중화사상'을 바탕으로 자국 중심의 새로운 질서를 구축하려는 움직임을 보이면서, 서로 간의 갈등은 점점 심화되고 있다.

'투키디데스 함정 Thucydides Trap'은 역사적 관점에서 강대국 간의 세력 다툼으로 발생하는 전쟁을 설명하는 이론으로, 고대 그리스 시대 당시 기존 패권국이었던 스파르타와 떠오르던 아테네 간의 갈등 끝에 벌어진 펠로폰네소스전쟁의 사례에서 비롯된 것이다. 미국(기존 패권국)과 중국(부상하는 강대국) 사이의 경쟁도 이처럼 대단히 위험스러운 것임을 많은 이들이 지적하는데, 실제 역사를 돌아보면 지난 500년 동안 16번의 패권 다툼 중 12번은 전쟁으로 귀결되었다. 1904년의 노일露日전쟁도 당시 떠오르던 세력인 일본과 기존 패권국이었던 러시아 사이의 충돌이었다. 갈등은 긴장을 낳고, 여기에 오판이나 사고가 겹치면 전쟁이 발생할 가능성은 높아질 수밖에 없다.

물론 오늘날의 강대국들은 핵무기를 보유하고 있어, 전쟁이 초래할 엄청난 파괴를 너무 잘 알고 있다. 이는 전쟁을 억제하는 요소로 작용한다. 그리고 미국과 중국은 상호 무역 및 경제 협력이 대단히 깊게 얽혀 있어 전쟁은 양국 모두에게 심각한 타격을 입힐 것이므로 이 또한 전쟁을 억제하는 힘이다. 아울러 현대 국제사회는 과거와 달리 강력한 국제 여론과 규범, 다자협력 기구가 존재하여 전쟁 가능성을 억제하고 있다. 그리고 과거와 달리 미국과 중국 간에는 외교 채널이 유지되고 있으며, 이는 충돌 위험을 낮추는 데 중요한 역할을 하고 있다.

결국 투키디데스 함정은 미국과 중국 간의 전쟁 가능성을 경고하는 이론적 틀이지만, 전쟁을 필연으로 보는 것은 무리다. 현대의 환경은 과거와 매우 다르며, 여기에 냉철한 전략적 계산과 국제적 협력이 가능하다면 전쟁은 피할 수 있을 것이다. 그리고 한반도에 사는 우리로서는 당연히 이 일에 적극 나서야 한다. 미·중 간의 갈등이 바로 우리의 문제가 될 수 있다는 것은 역사가 가르쳐 주는 교훈이다.

한반도에 사는 우리는 동서양의 문화를 골고루 체득한

민족이다. 우리는 유교의 전통적 사고방식을 지니고 있다. 즉, 중국대륙의 문화에 어느 누구보다도 익숙한 편이다. 그리고 해방 후 자유민주주의의 틀에서 함께 교류해 온 미국의 개인주의와 기독교 문화는 한반도에서 오히려 더욱 융성하고 있다. 한반도에서는 동서양의 문화가 융합되고 있는데, 그 대표적인 예는 K-POP이다. 일본 작가 노마 히데키가 최근 출간한 《K-POP 원론》이란 책에서는 K-POP을 '목소리+시+소리+빛+신체성身體性'이 함께하면서 동서양 문화가 융합된 21세기의 새로운 예술이라고 평했다.

실제로 K-POP은 20세기에는 누구도 본 적 없는 것이다. 작품이 공개되자마자 팬들이 직접 안무를 따라 추거나 노래를 부르는 동영상이 올라와 K-POP 공간에 참여한다. 인류 역사에서 그간 계속되던 문화를 즐기는 사적私的 소유 방식이 완전히 바뀐 것이다. 방탄소년단BTS의 〈피 땀 눈물〉 뮤직비디오는 2016년 10월에 공개된 이래, 2025년 3월 현재 유튜브 조회수 10억 뷰에 이르고 있다. 극장이나 미술관 같은 닫힌 공간을 허물면서 K-POP은 우리 앞에 새로운 세계를 열고 있는 것이다.

같은 맥락에서 미국과 중국 간의 새로운 협력 문화를 만드는 일도 우리는 할 수 있다. 미국과 중국의 문화를 잘 알고 있는 우리 젊은이들이기에 충분히 가능한 일이다. 그리고 우리 젊은이들이 해야 할 일이다.

우리의 미래 설계 – 인류와 생태계의 조화를!

지난 1~5장에서 다룬 바와 같이, 인류가 산업문명을 발전시키며 파괴한 자연생태계는 이제 지구의 지속가능성을 크게 위협하고 있다. 45억 년에 이르는 기간 진화하고 발전한 자연생태계는 불과 250여 년 만에 너무나 급속히 황폐해졌다. 산업문명은 인류에게 편리함과 번영을 가져왔지만, 무분별한 개발과 자원 남용, 그리고 환경오염은 지구생태계의 균형을 깨뜨리고 있다. 이로 인해 이미 수많은 생명체가 사라졌고 현재도 사라지고 있다.

대표적인 사례는 아마존 열대우림이다. '지구의 허파'로 불릴 정도로 중요한 생태계이지만, 무분별한 벌목과 농업 확장으로 매년 수천 제곱킬로미터의 숲이 사라지고 있다. 이로 인해 수많은 동물들이 서식지를 잃고 멸종 위기에 처했다. 그리고 세계 각지에서 일어나고 있는 사막화砂漠化는 또 다른 큰 문제다. 유엔에 따르면, 매년 약 12만 제곱킬로미터의 초지草地가 사막으로 변하고 있는데, 이는 대한민국보다 더 넓은 면적이다. 매시간 약 2천 개 축구장 넓이의 공간이 사막으로 변하는 것이다.

이러한 생태계 문제는 궁극적으로 인간의 마음가짐과 생활방식에서 비롯된 것이므로, 그 해결방안도 인간에게서 찾아야 할 것이다. 산업문명을 주도한 서양의 문화는 자연과 인간의 관계를 바라보는 관점에 있어 동양의 문화와 뚜렷한 차이를 갖고 있다. 서양의 기독교 문화는 인간 중심적 세계관을 형성하여 자연 정복과 이용을 강조하지만, 동양의 유교, 불교, 도교적 전통은 자연과 인간의 조화를 중시한다. 이러한 차이는 자연생태계에 서로 다른 방식으로 작용했다.

기독교《성서》의〈창세기〉1장 28절은 "하나님이 그들에게 이르시되 생육하고 번성하여 땅에 충만하라, 땅을 정복하라, 바다의 물고기와 하늘의 새와 땅에 움직이는 모든 생물을 다스리라"는 구절이다. 이는 인간이 자연에 대한 지배권을 가졌다는 사상을 뒷받침하는 것이며, 이러한 인식은 산업혁명 이후 서구사회에서 더욱 뚜렷이 나타났다. 자연을 정복의 대상으로 바라보며 자원을 최대한 개발하고 산업화를 추진해 온 것이다. 이는 기술 발전과 경제적 성장을 가져왔지만, 동시에 자연 파괴를 초래했다. 화석연료 사용은 대기오염과 기후변화를 가속화했는데, 이는 서양 중심의 자본주의와 인간우월주의 사상에서 비롯된 것이다.

반면, 동양의 전통 사상은 자연을 정복의 대상이 아닌 공존의 대상으로 보았다. 유교는 인간이 자연의 일부로서 자연의 법칙에 따라야 한다고 가르친다. 예컨대 《맹자》에서는 "하늘의 뜻을 따르고 땅을 존중하라"는 가르침을 통해 자연 보호를 강조했다. 그리고 불교적인 삶의 방식은 모든 생명이 상호 의존하며 공존하는 것이다. 이는 생태계의 균형을 중시하며, 무분별한 자원 채취를 삼가는 태도로 이어졌다. 더 나아가 도교道敎에서는 자연의 흐름[道]에 순응하며 인간의 개입을 최소화하는 삶을 지향하는데, 이는 자연 보호를 위한 철학적 기반이 되었다.

자연을 대하는 동양과 서양의 가치관 차이는 각각의 건축을 통해 쉽게 알 수 있다. 다음 사진은 우리 창덕궁昌德宮

대한민국 창덕궁과 프랑스 베르사유 궁전. 자연스러운 아름다움과 인공적인 아름다움이 대조를 이룬다.

과 프랑스 베르사유 궁전의 모습이다. 자연과의 조화를 중시하여 이를 훼손하지 않으면서 모든 건축물을 자연의 일부로 만들고자 했던 것이 창덕궁이다. 그러나 베르사유 궁전은 전체 모습을 한 장의 사진에 담을 수 없을 정도로 광대한 면적에 거대한 건물들이 가득하다. 궁전 정원의 인공 호수는 대운하 Grand Canal 라고 불릴 정도로, 길이는 약 1,700미터 폭은 약 60미터 정도로 거대하다. 인간의 오만함으로 마음껏 자연을 훼손한 것이다.

그리고 다음 쪽 사진을 보면, 위쪽의 부용정芙蓉亭은 창덕궁 후원에 있는 정자로, '부용'은 연꽃을 뜻하는 말이다. 부용정이 존재하기에 자연이 더욱 아름다워졌다고 이야기해도 과언이 아니다. 부용정이 자리 잡은 연못은 한 변이 30미터 정도로 아담하게 조성된 사각형이다. 이에 비해 아래 사진은 베르사유 궁전 내부의 쁘띠 트리아농 Petit Trianon 인데, 비교적 작고 우아한 건축물이지만 4층 구조로 되어 있으며, 루이 16세의 황후 마리 앙투아네트가 가장 사랑했던 장소로 유명한 곳이다.

지속가능을 위한 생태계 보호의 필요성에 대해서는 이제 누구나 동감하고 있다. 이를 위해서는 동양과 서양의

창덕궁의 부용정과 베르사유의 작은 별장, 쁘띠 트리아농.

문화를 융합하여 자연과의 새로운 관계를 모색해야 한다. 2015년 유엔 회원국 만장일치로 채택한 유엔 지속가능발전목표 SDG, Sustainable Development Goals 17개는 동양의 자연조화 사상을 서구적 환경보호 기술과 결합한 사례라 할 수 있다. 최초의 대한민국 출신 유엔 사무총장 반기문이 이루어 낸 자랑스런 업적이다.

한반도의 젊은이들!
세계를 경영하는 지도자로 성장해야!

6·25전쟁 이후 대한민국의 발전은 인류사에 기록된 하나의 기적이다. 세계에서 가장 빈곤했던 국가가 이제는 다른 나라를 돕는 부국富國이 된 것이다. 실제로 1961년의 1인당 국민소득은 85달러였다. 당시 2,500만 명에 달했던 대한민국 국민 중에 세 끼 식사를 제대로 챙기는 사람은 극소수였다. 지금은 상상하기도 힘들지만 모두가 배고프고 영양실조에 시달리던 시절이었다. 그러나 60년이 지난 2021년, 1인당 국민소득 3만 5천 달러를 돌파했다. 두 세

대 만에 400배가 넘는 경제성장을 이룬 것이다. 다음 쪽의 사진은 서울 청계천 거리를 찍은 것인데, 위는 1960년대 그리고 아래는 오늘날의 모습이다. 최악의 빈민 주택들은 사라졌고 세계적인 기업의 빌딩들이 자리 잡았다.

한 나라의 국력은 경제, 국방, 문화, 외교 등 모든 힘의 총화總和이지만 이들 각 분야의 기초가 되는 것은 과학기술이다. 기술력은 국가경제를 좌우하는 기업 경쟁력의 요체이며, 국방은 물론이고 외교에서도 가장 중요한 바탕이다. 불모지였던 대한민국이 본격적으로 기술개발에 들어서기 시작한 것은 1966년이다. 당시 박정희 대통령은 베트남 파병을 결정하면서 미국과 정상회담을 갖게 되었는데, 이때 요청한 사항 중 하나가 한국과학기술연구원 Korea Institute of Science and Technology, KIST의 설립 및 운영이었다. 극도로 어려웠던 시절에 당장의 먹을거리 마련을 넘어 미래를 준비한 업적은 당연히 높이 평가해야 한다.

이제 우리 젊은이들은 이러한 지난날의 성취를 토대로 더 큰 꿈을 지녀야 한다. 앞서 언급한 바와 같이, 21세기 인류에게 주어진 가장 중대한 과제는 첫째가 자연 생태계와의 조화를 통한 지속가능성 확보, 둘째가 미국과 중국

대표적인 빈민촌이었던 서울의 청계천 거리는 반세기 만에 세계적인 고층빌딩가로 모습이 바뀌었다. 위는 1961년 그리고 아래는 2022년의 모습.

의 갈등이 야기하고 있는 긴장을 감소시키는 일이다. 그리고 지난날의 역사는 이들 문제 해결에 가장 갈급渴急하게 나서야 할 민족이 바로 한반도에 사는 우리들임을 가르쳐 주고 있다. 동서양을 모두 잘 이해하며, 전통적으로 자연과 조화를 이루며 살았던 우리는 충분히 이 문제해결에 적합한 소양과 능력을 갖고 있다. 우리 젊은이들은 마땅히 세계 경영자로 성장해야 하고 또 충분히 할 수 있는 일이다.

이를 위해서는 무엇보다 필요한 것이 미래지향적인 교육시스템인데, 사실 우리 현실에서는 아쉬움이 너무 많다. 경쟁에서 평가를 잘 받는 것은 어느 누구에게나 가장 중요한 일이며, 학생들은 당연히 시험 성적을 잘 받기 위해 진력한다. 시험은 교육을 지배하는 존재다. 그런데 우리 학생들 대부분에게 초·중등교육이란 오로지 그 정점에 있는 수능을 위한 준비 기간이다. 그리고 단 하루에 치르는 오지선다형 수능을 잘 보기 위해서는 주입과 암기를 통한 끝없는 반복 훈련이 가장 효율적이다. 근본적으로 사교육私敎育이 더욱 성과를 낼 수밖에 없는 시스템인 것이다. 우리는 공교육을 살려야 하며, 이를 위해서는 무엇보다도 평가와 시험 방법을 혁신해야 한다. 우리는 기계적인 점수로만 학생을 평가하는 경쟁적인 교육에 너무 깊이 빠져 버렸다. 확실한 교육개혁을 위해 우리 사회는 긴 호흡의 장기적 계획을 세워야 할 것이다.

교육의 마지막 단계인 대학의 역할도 당연히 소중하다. 오늘의 젊은이들이 살아갈 미래는 지금과 완연히 다른 세상일 것이기에, 대학은 미래 사회에 필요한 인재상을 치열하게 고민하며 교육의 틀을 새롭게 짜야 한다. 대학 혁신의 당위성은 아무리 강조해도 지나치지 않다. 산업문명시대의 최고 가치는 균일한 제품을 효율적으로 대량생산하는 것이었으며, 이는 대학에서도 마찬가지였다. 대학은 전공별로 잘게 나뉘어 각 산업에 쓰일 유용한 부품을 생산하듯 사람을 키웠다. 규격화된 인재를 양성하는 몰개성적 교육이었다. 그러나 이제는 개개인의 특성이 중요하며 다양성이 가치를 지니는 디지털문명시대다. 학과 중심 대학 체제 및 교육 방법 등에 있어 총체적인 혁신이 필요하다.

산업문명에서 디지털문명으로의 전환은 마치 석기시대가 청동기시대로 바뀌는 것과 마찬가지다. 그러나 이번의 문명 전환은 그 속도가 과거와는 비교도 할 수 없이 빠르기에, 대학 혁신은 화급한 일이다. 머뭇거리면 대학은 청동기시대에 접어들었음에도 불구하고 돌만 계속 다루고 있는 쓸모없는 조직이 될 수도 있다. 진화론으로 생물학을 넘어 현대 사상계 전체에 심대한 영향을 미친 찰스 다윈 Charles Darwin은 "어려운 환경에서 살아남은 생물 종種은 육체적으로 강했거나 혹은 두뇌가 뛰어났기 때문이 아니라 변화에 잘 대처했기 때문"이라고 이야기했다. 대학도 급속한 문명 전환을 버티며 살아남기 위해서는 변화에 대처해야 한다.

기존 대학들이 스스로 혁신하는 일은 중차대한 이슈다. 이미 10여 년 전 미국에서 개교한 미네르바대학 Minerva University에는 강의실이나 도서관이 없다. 학생들은 6개월씩 세계 여러 도시에 머물며 다양한 인류사회를 직접 경험하고, 모든 수업은 온라인으로 수강한다. "인쇄기도 없던 1천 년 전 교육시스템을 고수하고 있는 현재의 대학은 21세기에 전혀 맞지 않는다"는 것이 미네르바대학 설립자의 이야기다. 21세기를 살아갈 젊은이들을 위한 새로운 교육 실험이라 믿어진다.

우리 사회에도 이런 혁신적 대학교육으로 젊은이들에

게 새로운 길을 열고 있는 태재대학교가 2023년에 개교했다. '클 태泰'와 '집 재齋'는 동서양 문화를 모두 아우르는 큰 집이란 뜻이다. 태재대학교는 지구촌 화합, 즉 'Global Harmony'를 이루기 위해 세계와 미래를 경영할 인재 양성을 목표로 하고 있는데, 그 자세한 내용은 대학교육의 미래와 태재대학교의 교육혁신을 다룬 책《문명전환과 대학교육 – 태재의 길》에서 소개한다.